Abécéda

Form

CW01464131

Renaud de Laborderie

SOLAR
EDITIONS

Introduction

En l'an 61 de la Formule 1, c'est-à-dire en 2011, il apparut que cette même Formule 1, attractive sexagénaire, n'avait pas généré d'abécédaire digne de sa légende.

Avec une recherche de l'insolite, une réelle culture de l'anecdote, un souci du détail historique, une irrépressible tendance pour les dates et les statistiques, cet ABÉCÉDAIRE INSOLITE DE LA FORMULE 1, qui ne se revendique surtout pas comme un ouvrage exhaustif, est une invitation à visiter l'univers de la F1 en quête de sensations renouvelées.

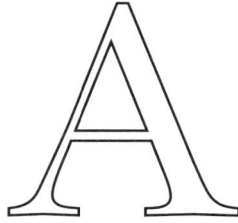

A

AÉRO

En F1, les problèmes d'aéro sont chroniques. L'aéro est, selon les dictionnaires, « l'étude du mouvement relatif entre un corps et l'air qui le baigne ».

En simplifiant, l'aéro est devenu le domaine technique le plus mystérieux de la F1 et, au-delà, de tout le sport auto. Alors qu'il est (relativement) facile de mesurer la puissance et la souplesse d'un moteur, l'effet secondaire de l'aéro sur le rendement d'une monoplace échappe à l'analyse primaire.

Puisque les carrosseries des monoplaces s'exposent à l'air libre et à toutes les reproductions ou imitations possibles (photographies statiques ou en mouvement, comparaisons télévisuelles entre monoplaces *a priori* identiques, etc.), l'analyse à des fins intéressées atteint un point maximal de complexité.

Mais les impressions recueillies en direct et passées au crible d'études instantanées ne recèlent qu'une signification (très) relative. Ce ne serait plutôt qu'une simple approche.

Tout se passe dans l'hyperconfidentialité des souffleries, sous la responsabilité d'ingénieurs de pointe, en charge de la gestion d'ordinateurs sophistiqués.

De plus, seuls des techniciens très spécialisés peuvent analyser les tendances, voire les indications, relevées en quelques heures grâce aux ordinateurs.

Chaque ordinateur a vocation de reproduire, à différentes échelles et dans des conditions (plus ou moins) minutieuses, le comportement d'une monoplace en course : équilibre, vibrations, réactions sur les aspérités, accélérations, etc. Tout l'arsenal des péripéties d'un GP est répertorié : manœuvres en groupe, dépassements, perturbations de proximité en peloton, évolution des conditions météorologiques, etc.

Des millions de paramètres interviennent dès la conception de la machine et jusqu'à sa mise en piste à titre expérimental (essais) puis compétitif. En fait, en une époque où les ordinateurs peuvent tout prévoir, tout envisager, tout analyser, tout examiner et intervenir dans tous les secteurs d'une spécialité, leur apport en matière d'aéro est inestimable.

Des champions du monde récents (mais retraités) ne cachent pas leur admiration devant leurs successeurs, ingénieurs ou coureurs. Autant pour leur strict pilotage que pour la masse d'assimilation des nouvelles technologies des monoplaces et de la compétition.

Pour les pilotes qui, comme Guy Ligier, Jackie Stewart ou Alain Prost, représentatifs de plusieurs générations, sont passés de l'autre côté de la piste en devenant propriétaires et patrons d'écuries, la transition vers la modernité est un enrichissement.

Cela dit, il ne suffit pas que les souffleries des écuries tournent jour et nuit pour que, sur le goudron des pistes, les monoplaces soient, brusquement, devenues idéales. Ce serait trop beau.

Experts en aéro, les techniciens des souffleries sont les premiers à admettre la relativité de leurs recherches et de leurs analyses. La spécificité de la F1 est tellement pointue qu'une machine parfaite dans son passage en soufflerie, à une échelle réduite, ne le sera (peut-être) plus en s'aventurant sur la piste.

L'aéro n'est qu'une marche obligée vers une inaccessible perfection. En même temps qu'un passage indispensable vers, précisément, cette perfection dans le rendement.

En attendant le verdict du tracé. Autrement dit, la finalité de chaque GP.

AGENTS

À l'instar de ce qui se passe dans les autres sports professionnels, les agents de pilotes fourmillent en F1. Tous ne sont pas répertoriés comme agents, mais comme managers, dans un rôle sensiblement équivalent.

D'autre part, certains pilotes se répartissent entre plusieurs agents. Pour information, aucune association ne réunit les agents.

Cette corporation, pas tellement ancienne, est dominée par deux personnalités, très fortes et contrastées, l'Anglais Julian Jakobi et l'Allemand Willi Weber.

Naguère vice-président d'International Management Group, l'entité fondée par l'Américain Mark H. McCormack, Jakobi s'occupa de Jackie Stewart, dans le cadre d'IMG, en même temps que de Björn Borg, Jack Nicklaus, Rod Laver, etc.

Ensuite, il se consacra à Alain Prost et Ayrton Senna, séparément, avant qu'ils soient ensemble chez McLaren. Sa plus grande performance humaine remonte à cette année 1988 : ni l'un ni l'autre ne connaissaient leurs revenus respectifs, aussi bien chez McLaren que chez Philip Morris.

Jakobi fonda, avec Ayrton Senna, la société Ayrton Senna Group, la plus grande jamais montée autour et au service d'un champion. À la disparition de Senna, il s'occupa un temps de la Fondation Ayrton Senna.

Aujourd'hui, Jakobi, qui dirige une grande agence de champions multisports, gère les intérêts de Pedro de la Rosa et de Dario Franchitti. Il conseille aussi (discrètement) Lewis Hamilton.

Quant à Willi Weber, il découvrit Michael Schumacher dans les formules de promotion et négocia ensuite tous ses contrats sportifs, commerciaux et autres. Willi Weber, qui s'occupait aussi de Ralf Schumacher, est maintenant l'agent du jeune Allemand Nico Hülkenberg.

Voici les principaux agents recensés :

Yoshi Arimatsu : Kamui Kobayashi.

Jaime Alguersuari (père) : Jaime Alguersuari (fils).

Renata, Rubao Barrichello : Rubens Barrichello.

Éric Boullier : Romain Grosjean, Jérôme d'Ambrosio (à titre personnel).

Flavio Briatore : Mark Webber.

Martin Brundle : David Coulthard.

John Byfield : Jenson Button (en partiel).

Lucio Cavuto : Jarno Trulli.

Peter Collins : Vitantonio Liuzzi.

Didier Cotton : Mika Häkkinen.

Marcin Czachorski : Robert Kubica.

Simon Fuller : Lewis Hamilton.

Mark Gallagher : Jenson Button (en partiel).

Luis Garcia-Abad : Fernando Alonso.

Richard Goddard : Jenson Button.

Mike Greasley : Mika Salo.

Gravity : quinze jeunes pilotes, sous la direction générale d'Éric Boullier.

Antony Hamilton : Paul Di Resta.

Oksana Kosachenko : Vitaly Petrov.

Mathieu Michel : Heikki Kovalainen.

Daniel Morelli : Robert Kubica.

Mario Miyakawa : Jean Alesi.

Jonathan Palmer : Justin Wilson, Jolyon Palmer.

Mark Perkins : Narain Karthikeyan (en partiel).

Craig Pollock : Jacques Villeneuve.

Martin Reis : Sakon Yamamoto.

Robertson Steve, David : Kimi Räikkönen.

Geraldo Rodriguez : Rubens Barrichello.

Keke Rosberg : Nico Rosberg.

Roman Rummenigge : Christian Klien.

Bianca Senna : Bruno Senna.

Johann Setna : Narain Karthikeyan (en partiel).

René Sutthof : Timo Glock.

Andre Theuerzeit : Nick Heidfeld.

Nicolas Todt : Felipe Massa, Pastor Maldonado, Jules Bianchi, Aaro Vainio.

Enrico Zanarini : Giancarlo Fisichella.

ALESI Jean (France)

Né le 11 juin 1964. Ce premier week-end de juillet 1989, Jean Alesi prévoit de le passer, en voisin, sur le Paul-Ricard, à l'occasion du GP de France. Il espérait déambuler en visiteur (intéressé) dans le paddock et y nouer, en direct, des contacts pour un éventuel volant de F1 en 1990. Après tout, le 11 juin 1989, Alesi avait célébré son 25ᵉ anniversaire. Mieux : en tant que leader du championnat de F 3000 – une splendide victoire dans le serpentin des rues de Pau –, il n'avait rien à perdre à se montrer.

Sous un aspect désinvolte, Alesi est aussi un homme méthodique. Ce schéma du GP de France 1989, très organisé, est bouleversé dès le mercredi précédent, le 9 juillet. Sur un appel téléphonique, Alesi se retrouve à Londres en tête-à-tête avec Ken Tyrrell en personne et en posture d'accepter de se glisser dans le cockpit d'une Tyrrell-Ford quarante-huit heures plus tard, le vendredi 7 juillet, dans les essais du GP de France.

Dès lors, tout s'accélère. À la suite d'un conflit insoluble avec Michele Alboreto, depuis le GP du Canada (18 juin 1989), Ken Tyrrell avait estimé ne pas avoir d'autre solution que l'incorporation d'un jeune pilote, aux côtés de l'Anglais Jonathan Palmer. Depuis François Cevert, Tyrrell a recruté plusieurs Français, Patrick Depailler (1974 à 1978), Didier Pironi (1978), Jean-Pierre Jarier (1979, 1980), Philippe Streiff (1985 à 1987). Il s'est discrètement renseigné sur Alesi.

Bref, l'ambition en F1 d'Alesi se concrétise bien plus rapidement qu'il n'avait osé l'imaginer. Avec le n° 4, délaissé par Alboreto, Alesi enflamme le public du Paul-Ricard dès le vendredi, lors des premiers essais. Le véritable embrasement n'a lieu que le dimanche : Alesi électrise une foule, déjà chauffée à blanc, en animant le peloton, en attaquant du début à la fin et, surtout, en finissant au pied du podium en quatrième position. Heureux, rigolard, l'enfant d'Avignon (avec des racines siciliennes) est le roi du jour. Un grand pilote français est né.

L'éclosion d'Alesi est un cadeau du ciel. Il signe un contrat de dix-huit mois avec Tyrrell. Ouvert, souriant, l'accent coloré, Alesi séduit par son authenticité. Les Américains le découvrent à Phoenix le 11 mars 1990 : il défie Ayrton Senna en un duel haletant. Sur le podium, Senna, condescendant, le félicite.

En cette année 1990, Alesi acquiert la dimension supplémentaire d'un épanouissement maîtrisé. À l'été 1990, il a signé un contrat avec Williams sur l'insistance de Patrick Faure et Christien Contzen, les dirigeants de Renault Sport. À Billancourt, un plan de communication Alesi-Renault est élaboré pour 1991. « Jean va donner à Williams une pointe d'entrain, en plus de son potentiel de pilote », glissent, confidentiellement, Faure et Contzen.

Mais quand Cesare Fiorio, le team manager de Ferrari, expert (lui aussi) en jeunes talents, approche Alesi, ce dernier s'écrie : « Ferrari, c'est l'écurie de mon cœur. » En juin, Philippe Meylan, le président du Club Ferrari Suisse, l'avait invité en « guest star » à Montreux à une concentration de Ferrari historiques venues de partout. Alesi était (déjà) secrètement conquis. Mais Fiorio ne l'avait pas encore contacté…

Une certitude : Alesi divorce avec Williams-Renault avant mariage. En dédommagement, Frank Williams reçoit une monoplace rouge de Maranello. Il l'a précieusement conservée. « Avec Renault et moi, Jean aurait été champion du monde », ne manque jamais de répéter Williams. C'est vraisemblable.

En se glissant dans le cockpit de la Ferrari n° 28, Alesi, devenu l'équipier d'Alain Prost, est dans un état second. Son rêve d'entrer en F1 n'était qu'une pâle caricature à côté de celui de conduire une Ferrari.

Maintenant, il s'agit pour le Français de se montrer à la hauteur de ses ambitions suprêmes. Ce n'est pas l'aspect le plus facile de son passage chez Ferrari. Il découvre les exigences de Maranello, le poids de la légende Ferrari, les intrigues, les traîtrises des uns et des autres aussi, etc. Dans cette délicate situation, Alesi garde la sérénité d'un inconditionnel de Ferrari.

Son bonheur rouge, Alesi le vit à fond, au-delà de lui-même, pendant 79 GP du 10 mars 1991 à Phoenix (États-Unis) au 12 novembre 1995 à Adélaïde (Australie). Son extase suprême, il l'a intensément vécue à Montréal, le 11 juin 1995. Ce jour-là, il célèbre son 31e anniversaire en remportant sa première victoire. Ce sera d'ailleurs la seule en 201 GP, de 1989 à 2001. Maintenant qu'il a gagné sur une Ferrari – un vœu secret transformé en réalité –, il pense qu'il ne peut plus rien lui arriver. Bien plus tard, il confiera : « À Montréal, j'étais arrivé au bout de mon rêve. »

Mais il a aussi gagné en maturité. Il a fait le plein de sentiments et de bonheur chez Ferrari. Sa carrière ultérieure n'est qu'une autre séquence de son existence. Alesi passe ensuite chez Benetton-Renault (1996, 1997), Sauber-Petronas (1998, 1999), Prost-Peugeot (2000), Prost-Acer et Jordan-Honda (2001). Il collectionne les bonnes performances, sans jamais abandonner sa faconde, sa joie de vivre, son enthousiasme… Même s'il est meurtri de ne pas avoir enrichi sa carte de visite de deux ou trois autres succès, Alesi n'en montre rien. La nostalgie de Ferrari, il la cache au plus profond de lui-même. Il n'en parle jamais.

Il donne, en même temps, une autre dimension à son existence. Celle de la sagesse et de la volonté de s'ancrer dans le coin de Provence, près d'Avignon, où il possède quelques vignes. Aujourd'hui, ce viticulteur se réjouit de voir son clos de l'Hermitage figurer dans le Guide Parker. Alesi, au fil des années, a enrichi son expérience, en confortant sa réputation de brillant pilote, entreprenant et spectaculaire mais jamais couronné. En 2011, il arrive à Cesare Fiorio d'évoquer Alesi en termes réalistes : « Je suis encore surpris qu'aujourd'hui Jean me serre la main car, en 1991, nous ne lui avions franchement pas donné une voiture digne de son talent.» Cet aveu dépasse le propos de complaisance.

En écho, Frank Williams ne manque jamais de rappeler : «C'était Jean, le vrai successeur d'Alain Prost. Il aurait gagné le titre avec nous. Et Ferrari lui aurait déployé un tapis doré…» Jean Alesi avait choisi Ferrari sur un coup de cœur. Il n'a jamais publiquement regretté son choix.

ALONSO Fernando (Espagne)

Né le 29 juillet 1981. Le soir du 22 décembre 1999, Gian Carlo Minardi lance une double fusée d'alarme à propos de son écurie de Faenza. La première à destination de Jean Todt, le patron de la Scuderia Ferrari. La seconde auprès de Flavio Briatore, le team manager de Renault. L'écurie Minardi, accablée de dettes de structure, est menacée d'expulsion. Il faut 1 million de dollars pour stopper le processus de liquidation.

Sur-le-champ, Briatore envoie une traite télécopiée en caution et alerte sa banque. L'opération de sauvetage comprend une option sur le jeune Espagnol Fernando Alonso (qui n'a pas 20 ans), ultraprometteur. Les détails ultérieurs sont à régler avec Adrian Campos, l'agent d'Alonso.

Quand Todt se propose d'intervenir, il est trop tard. Minardi est déjà sauvé du pire. C'est ainsi que Fernando Alonso a mis près de dix ans pour rallier la Scuderia Ferrari, le 30 septembre 2009. Son transfert prévoit un contrat de trois ans (2010, 2011, 2012).

Dès ses débuts en F1, le 4 mars 2001 à Melbourne, Alonso se distingue. Sa classe éclate. Il ne marque pas le moindre point en cette année 2001 mais il captive le petit cercle des initiés. En vain. Briatore lui a déjà réservé son siège chez Renault. Pour 2002, en pilote de réserve. Une période difficile. Il se ronge les sangs dans le motor-home Renault, en y croisant Jarno Trulli et Jenson Button, les titulaires.

Le duo Trulli-Button ne faillit pas mais ne gagne pas non plus. Alonso déborde d'impatience et prévient Briatore : « Je ne veux pas d'une nouvelle année blanche. » Briatore le calme. Sa deuxième entrée en F1, le 9 mars 2003 à Melbourne, est la bonne. La meilleure même.

Deux semaines plus tard, à Sepang (Malaisie), sa pole position et son podium (comme 3e) déclenchent un cliché devenu répétitif : Alonso et Briatore enlacés et rigolant. Au fil des photographies, Alonso se crispe et Briatore, lui, affiche un enthousiasme toujours envahissant.

Le jour de sa première grande gloire se lève le 24 août 2003 à l'Hungaroring : il signe sa première victoire en obligeant un commissaire de piste, Pierre-Marie Camorali, à brandir à Michael Schumacher le drapeau bleu pour laisser passer Alonso, qui a un tour d'avance. *La Marseillaise* (en l'honneur de Renault) n'a pas retenti sur un podium depuis le 19 mai 1996 à Monaco (avec Olivier Panis).

D'un GP sur l'autre, Alonso accélère sa professionnalisation, sur tous les plans (personnel, style de pilote, préparation physique, etc.). Cette opération débouche sur une saison 2005 triomphale : il est champion du monde le 25 septembre 2005 à Interlagos puis le 22 octobre 2006, encore à Interlagos. Bilan : il est le premier double champion du monde à avoir battu deux fois consécutives le seul septuple champion du monde de l'histoire de la F1. À 24 ans 1 mois 27 jours, il était, en 2005, le plus jeune champion du monde de l'histoire de la F1. Il le reste en 2006.

La tutelle de Briatore lui pèse. Celle de Ron Dennis, à la tête de McLaren-Mercedes, qu'il a choisie en 2007, ne lui convient pas plus. Il programme son deuxième départ de carrière en revenant chez Renault en 2008-2009. Il n'avait pas le choix. Il est « victime » consentante d'une double fascination, Ferrari et Emilio Botin, le président de la banque espagnole Santander. « C'est mon rêve », s'exclame-t-il en pénétrant chez Ferrari à Maranello, en novembre 2009. Le dernier double champion du monde à avoir prononcé ces mots, exactement les mêmes, à la même époque en 1996, se nomme Michael Schumacher.

ANDRETTI Mario (Italie)

Né le 28 février 1940. Sur les tablettes de l'histoire de la F1, Mario Andretti est répertorié, à juste raison, comme citoyen américain. Il a vu le jour en Italie, à proximité de Trieste. Il passe quelques années près de Florence dans un camp de personnes déplacées. « Le meilleur souvenir que je garde de cette époque, ce sont mes soirées à l'Opéra de Lucca », évoque-t-il toujours en souriant.

En 1955, les Andretti émigrent aux USA. Le 16 juin 1955, en arrivant à New York, avec toute sa famille, Mario Andretti s'exclame : « C'est le plus beau jour de ma vie. » Andretti s'installe en Pennsylvanie, à Nazareth. La mort d'Alberto Ascari l'a beaucoup touché. Mario apprend l'anglais avec une Américaine Dee Ann Hoch, qu'il épouse le 25 novembre 1961.

Entre-temps, il s'est lancé dans la compétition automobile, au sein de la NASCAR, à partir de 1959. Il remporte les 500 Miles d'Indianapolis en 1969, sur une machine financée par Andy Granatelli. Il dispute, épisodiquement, les 24 Heures du Mans. Cet Américain au nom italien captive de loin la F1. Il se propose, de son propre chef, à Colin Chapman.

Sa démarche séduit Chapman qui l'enrôle dans son écurie Lotus (1968, 1969). Il passe ensuite chez March, en 1970. Enzo Ferrari contacte personnellement cet Américain qui se flatte d'idolâtrer Alberto Ascari. Un coup de maître : Andretti enlève son premier GP sur Ferrari à Kyalami le 6 mars 1971. Un succès sans lendemain. Andretti continue d'ailleurs de courir simultanément aux États-Unis et dans le reste du monde. Il s'aventure, sans réussite, sur une monoplace américaine, la Parnelli Jones. De retour chez Lotus – car Chapman continue de le harceler –, il gagne son deuxième GP au Japon, en apothéose du championnat 1976.

Cette fois, Chapman ne le lâche plus. Les deux hommes conçoivent un projet mondial. La Lotus 78 de Chapman, machine à effet de sol, est l'arme absolue. En 1978, Andretti enchaîne les victoires (6). Mais son sacre, le 10 septembre 1978 à Monza, est jour de deuil. La mort accidentelle de Ronnie Peterson, son équipier (et rude adversaire), accable Andretti, qui repart pour les États-Unis.

Il se réservait son sacre de champion du monde en Italie en hommage à son ascendance italienne. Au lieu de ça, le cauchemar de la mort de Peterson est un signe du destin. Andretti dispute une course américaine sur une Penske le jour des funérailles de Peterson, à Orebro (Suède). « C'est ma manière de lui rendre hommage », souffle-t-il.

Cette fois, l'essentiel de sa carrière est derrière lui. Champion du monde à 38 ans, il court encore pendant quatre ans. Avec un clin d'œil sur l'Italie (une saison en 1981 chez Alfa Romeo et ses deux ultimes GP à Monza et à Las Vegas). Lui qui n'est pas superstitieux a retenu son dernier podium, le 12 septembre 1982 à Monza (comme 3ᵉ) sur Ferrari, comme un cadeau de la destinée.

Mais ce pur champion du « rêve américain » est américain à plus de 100 %. Le mercredi 10 mars 2010, Mario Andretti, invité par la FIA pour le 60ᵉ anniversaire de la F1, débarque à Bahreïn. Sa première initiative, spontanée et totale, c'est de rendre visite aux équipages américains des quatre bateaux de la 5ᵉ flotte qui croisent en permanence dans les eaux du Golfe…

ANNULATION

Dans l'après-midi du lundi 21 février 2011, deux communiqués se succèdent. Le premier (25 lignes), émanant du BIC (Bahreïn International Circuit), annonce que le prince régnant Hamad Al-Khalifa a téléphoné à Bernie Ecclestone pour l'avertir de son intention de suspendre le GP de Bahreïn 2011.

Le second (8 lignes), en provenance de la FIA, confirme l'annulation du GP 2011.

Pour la première fois dans l'histoire de la F1, un GP inscrit au calendrier définitif est annulé pour des raisons d'environnement politique, sur la décision d'un chef d'État, en l'occurrence le prince régnant de Bahreïn, Salman bin Hamad Al-Khalifa. Compte tenu des événements qui agitent le royaume de Bahreïn, cette décision entre dans l'ordre normal des circonstances.

Pour sa part, Bernie Ecclestone s'est largement exprimé, dès le déclenchement des événements, aussi bien sur le plan matériel que logistique et politique. Il a envahi tous les médias internationaux.

En parlant d'abondance, l'Anglais se substitue aux institutions, sans respecter un devoir de réserve mais en épousant les péripéties événementielles avec des projections sur le moyen terme.

La spécificité de cette annulation, relayée par l'ambition du GP de réintégrer le calendrier F1 dès que possible, réside dans sa nature officielle. C'est le royaume de Bahreïn qui se retire de l'événement, et pas le promoteur.

Dans la mesure où les contrats entre la FOM (Formula One Management) et un État souverain ne prévoient pas d'avances sur garanties, le processus du désengagement est exempt de dédommagement. La netteté de la transaction est avérée.

En règle générale, pour être intégrés dans le championnat du monde, les organisateurs de GP – personnes privées ou sociétés – versent un acompte (de l'ordre de 30 % du contrat global) en garantie, et s'engagent à régler le reste quarante-huit heures au plus tard après la course.

L'annulation du GP de Bahreïn 2011, enregistrée comme un cas d'espèce, n'a pas vocation à devenir une référence dans la mesure où les causes de l'annulation sont politiques. D'ailleurs, le prince régnant a souligné l'instauration « d'un nouveau dialogue national ». Conséquence : la réintégration du GP de Bahreïn au calendrier est à la fois un objectif et une nécessité.

Certains précédents politico-sportifs méritent d'être répertoriés dans une liste non exhaustive.

1976 : sur la lancée de quatre GP consécutifs (1972, 1973, 1974, 1975), le calendrier international (1976) prévoit un GP d'Argentine en ouverture du championnat 1976.

16

La date du 11 janvier 1976 est retenue et programmée. Mais dans le courant de l'hiver, ce GP d'Argentine disparaît furtivement. Sans explication officielle. Des rumeurs de coup d'État circulent. Sans justification immédiate. Mais en mars 1976, un certain général, Jorge Vidella, s'empare du pouvoir. L'Argentine bascule, pour longtemps, dans la dictature.

1985 : le 18 octobre 1985, lors des essais du GP d'Afrique du Sud, à Kyalami, l'exécution de Benjamin Moloïse déclenche une levée de boucliers internationaux contre le gouvernement sud-africain qui avait exploité l'impact médiatique du GP pour durcir sa position. Sur ordre du gouvernement français, les Ligier-Renault de Laffite et Cesaris avaient déclaré forfait.

Moins de dix ans plus tard, le 29 juin 1995, Nelson Mandela, devenu président de la République, enfilait le maillot vert des Springboks et se laissait photographier, à Johannesburg, avec les rugbymen blancs, champions du monde. L'histoire avait suivi son cours...

1997 : le calendrier officiel du championnat du monde 1997 intègre le GP de Chine, sur le tout nouveau circuit de Zhuhai, homologué pour le GT (1996), à proximité de Macao.

L'organisation du GP de Chine est assurée par BPR (Jurgen Barth, Patrick Peter, Stéphane Ratel) et le financement est garanti par BAT (British American Tobacco). Tout est, théoriquement, en ordre. Les autorités chinoises hésitent devant les facilités accordées aux médias : résidant à Macao, par manque d'hôtels à Zhuhai, les médias devront effectuer des trajets aller-retour quotidiens Macao-Zhuhai, avec des visas spéciaux. La Chine ne tolère pas cette pratique.

Conséquence : le GP de Chine est rayé du calendrier. La FIA enregistre cette décision.

Il revient officiellement, le 26 septembre 2004 à Shanghai en CDI/contrat à durée indéterminée...

ARNOUX René (France)

Né le 4 juillet 1948. Avant de se colorier du rouge Ferrari, la carrière de René Arnoux s'est articulée autour de deux dates symboliques de deux GP de France : le 1er juillet 1979 à Dijon-Prenois et le 25 juillet 1982 sur le Paul-Ricard.

En 1979, Arnoux (qui en est à son 12e GP) et Gilles Villeneuve se livrent un fantastique duel d'anthologie dans les cinq derniers tours, derrière Jean-Pierre Jabouille en train de signer la première victoire de Renault. La foule suit la course de Jabouille avec chaleur mais elle déborde d'enthousiasme devant les acrobaties de Villeneuve et Arnoux. Leur démonstration est un monument d'anthologie de la F1.

Une certitude : Arnoux et Villeneuve éclipsent Jabouille. À Maranello, Enzo Ferrari a découvert avec fascination ce Français qui a osé tenir tête à Gilles Villeneuve, son pilote préféré. Dès lors, Ferrari ne perd plus Arnoux de vue.

En 1982, Arnoux accomplit sa quatrième saison chez Renault-Elf. Il a commencé aux côtés de Jabouille en 1979-1980 (avec 2 victoires en 1980, Brésil, Afrique du Sud). Il a continué avec Alain Prost en 1981-1982. Mais, au fil de ses GP, il s'est endurci.

Or donc, ce 25 juillet 1982, Arnoux prend le départ du GP de France en pole position (sa 14e depuis le GP d'Autriche 1979) devant Prost. Cet Arnoux-là échappe (déjà) à Renault : il a signé, voici deux semaines, un protocole d'engagement chez Ferrari dans l'appartement de Marco Piccinini à Monaco. Sa combativité en est sublimée : il survole ce GP de France – son cinquième depuis 1979 – avec aisance en totalisant une dizaine de secondes d'avance sur Alain Prost.

Dans le stand de piste, Gérard Larrousse demande à Jean Sage, son adjoint, de ralentir Arnoux pour permettre à Prost de gagner. Le message est brandi sur un panneau : 1. Alain 2. René ne sert à rien. Arnoux l'ignore. À l'arrivée, le podium est sinis-

tre. Le révolté est acclamé par la foule. Larrousse, Sage et Prost
ne le lui pardonneront jamais.

En ralliant la Scuderia Ferrari en 1983, Arnoux, qui parle
admirablement l'italien, transforme un rêve d'adolescent en
réalité. Il se glisse aussi dans la combinaison rouge d'un candidat au titre mondial, en relais de l'infortuné Pironi et en partenariat avec Patrick Tambay. Ainsi le duel Prost-Arnoux – sur
fond de règlement de comptes – se double d'un duel interne
chez Ferrari entre Arnoux et Tambay. Avec, en observateur exté-
rieur, Nelson Piquet qui finit par tirer les marrons du feu dans
l'ultime GP, à Kyalami.

Arnoux est furieux d'avoir été trahi par son turbo. Lui qui
rêvait, à voix haute, de mater Prost, Tambay et Piquet dans la
même course – excusez du peu ! – est en déroute technique. Il
abrite cet échec, sans appel, comme une souffrance intime,
malencontreusement survenue en une période où il envisageait
un titre de champion du monde. L'écroulement de ce rêve le
hante encore. « Le titre mondial des constructeurs que nous
avons apporté à Ferrari, en 1983, n'est même pas une consola-
tion », indique Arnoux.

D'ailleurs, sous des dehors chaleureux Arnoux est un ultrasensible. « Je dois cette réactivité à fleur de peau à mes galères
de F1, chez Tico Martini et Surtees en 1978. Et aussi, plus tard à
l'arrivée d'Alain Prost chez Renault », glisse-t-il. Il a toujours
gardé une sensation d'humiliation de traitement chez Renault,
en 1981, lors de l'arrivée d'Alain Prost. Ce phénomène ne
s'explique pas, il se vit.

Mais chez Ferrari, Arnoux ne savoure qu'un bonheur précaire. Son année 1984 en demi-teinte est frustrante. Le voisinage
avec l'Italien Michele Alboreto – pour une fois, le Commendatore s'est laissé séduire par un de ses compatriotes – se révèle
complexe. Arnoux se devine contesté sans que personne n'ose
le critiquer ouvertement.

Lors de son premier GP 1985, le 7 avril à Rio de Janeiro,
Arnoux finit au pied du podium. Il se croit rassuré. Erreur. Le
16 avril, il est convoqué à Maranello par Enzo Ferrari et Marco
Piccinini. Les deux Italiens le licencient sur-le-champ en se

fondant sur une bénigne péripétie personnelle. Des paroles (faussement) réconfortantes glissent sur lui. À 36 ans, Arnoux se retrouve, en pleine saison, sur le marché de la vitesse, en traînant d'accablantes rumeurs. Dans cette tempête, il reste calme. Le 5 mai, il se montre même dans le paddock d'Imola, pour le GP de Saint-Marin, silencieux et digne. Au passage, Arnoux ne devait pas contractuellement réapparaître instantanément en F1.

Mais il n'était pas condamné à l'oubli. Jean-Paul Driot, son ami de toujours, s'occupe de lui et, avec Jean Glavany, l'oriente en priorité vers Guy Ligier, alors en quête d'un pilote expérimenté et combatif. À l'approche de la quarantaine, Arnoux s'aperçoit, sous les regards que ses amis portent sur lui, qu'il lui reste une trajectoire à emprunter.

Son arrivée chez Ligier est un très fort symbole. Lui, le baroudeur des grandes années Renault et Ferrari, n'est pas un pilote usé. Les difficultés, pourtant, ne manquent pas. En quatre saisons avec Guy Ligier, il utilise quatre moteurs (Renault en 1986, Megatron en 1987, Judd en 1988, Ford en 1989).

Ses performances se raréfient. Mais sa ténacité est au-dessus de tout soupçon. « René, tu es un géant », lui lance Ligier, un jour, en public. De fait, Arnoux multiplie les exploits pour l'écurie bleue mais uniquement pour l'aider à survivre.

En connaissant l'anonymat des fonds de grille et l'âpreté des points arrachés à la force du poignet, Arnoux se révèle à lui-même. Par la suite, il avoue : « Du côté des résultats, ce furent mes plus dures années. » La fierté qu'il en retire ne cicatrisera jamais pour autant sa sale déchirure avec Ferrari. Il la traîne encore.

ASCARI Alberto (Italie)

Né le 13 juillet 1918 à Milan et décédé le 26 mai 1955. Premier double champion du monde de l'histoire de la F1 (1952, 1953), Alberto Ascari était le fils d'Antonio Ascari, disparu en course en 1926 à Montlhéry, sur un stupide incident (un fil de fer dans son essieu). Orphelin à 8 ans, Alberto Ascari ne rêvait que de course.

Il se roda sur deux roues, en cultivant des accidents répétitifs mais jamais définitifs. Il se distingue dans les Mille Miles en 1940 puis à Tripoli, en Libye. Sa rencontre avec Luigi Villoresi débouche sur une formation accélérée (1940-1945). Ascari heurte, en 1948, une… camionnette égarée sur la piste de Pescara. Il s'en tire miraculeusement.

Villoresi persuade Ascari de son invulnérabilité. De fait, Ascari, athlète épais, accumule les victoires, tant en 1952 (3) qu'en 1953 (5). Il emporte ses deux titres mondiaux au Nürburgring, les deux à deux GP de la fin. Ce maître tacticien est souverain.

Stratège affiné, Ascari profita en 1952 de l'absence de Fangio, en convalescence. En 1953, Ascari, toujours sur Ferrari, rivalise avec Fangio (Maserati) sur une cadence élevée. Et aussi avec son équipier Nino Farina. Sur la fin, Farina menait la course, à contre-jour. Ascari le suivait. Un panneau est brandi : « Gardez vos positions. »

Ascari remontait sur Farina, après avoir dépassé Hawthorn. Le soleil devenait de plus en plus rasant. Ascari ne ralentit (surtout) pas dans le sillage de Farina. Il le double à une dizaine de tours de l'arrivée et le bat avec 13 secondes d'avance. À l'arrivée, Farina accable Ascari d'insultes.

Impavide, Ascari ne répond rien. Il reçoit la couronne du vainqueur. Chez Ferrari, on demande après coup à Ascari pourquoi il n'a pas ralenti. « Je n'ai pas vu les drapeaux. J'avais le soleil dans les yeux… » répond-il, très calmement.

C'est justement pour cette raison que les panneauteurs de Ferrari avaient brandi ce fameux drapeau. D'une certaine manière, Ascari avait lancé un style. Un pilote qui ne voit pas les drapeaux est, à sa manière, un homme libre d'agir selon ses objectifs…

Alberto Ascari mourut le 26 mai 1955, treize jours après un accident à Monaco. Il était à Monza. Et fortuitement il monta, en costume de ville, dans une Ferrari. Il perdit le contrôle de sa voiture. À jamais.

Très superstitieux, Ascari s'était félicité quelques jours auparavant d'avoir échappé à la mort. Son père avait vécu 13 463 jours. Alberto atteignit 13 466 jours.

ATTAQUER

Dans le jargon des sports mécaniques, attaquer n'est qu'une banalité puisqu'il importe toujours à un pilote de rouler plus rapidement qu'un autre.

En fonction de ce constat, celui qui attaque se distingue et se valorise par rapport à son adversaire.

Dans un GP, la hiérarchie des qualifications et de la course proprement dite ne résulte, en conclusion, que de l'intensité des attaques.

D'ailleurs, ce sont plutôt les pilotes qui, entre eux, multiplient les observations, les comparaisons et les analyses primaires. Avec des phrases-clés du genre : « Sebastian a réellement attaqué très fort à l'entrée du village de la Source » ou « Mark n'a pas cessé d'attaquer du début à la fin ». Les connotations élogieuses sont sous-jacentes.

Par contre, l'abus de l'utilisation de ce terme affaiblit sa signification.

B

BARRICHELLO Rubens (Brésil)

Né le 23 mai 1972. Avec l'intensification du championnat du monde (19 GP pour information en 2010), le Brésilien Rubens Barrichello (38 ans le 23 mai 2010) a nettement amélioré son record personnel de participation à des GP du championnat du monde.

Le 14 novembre 2010, au soir du GP d'Abu Dhabi, le dernier de la saison, Barrichello totalisait 304 GP à son actif depuis le GP d'Afrique du Sud du 14 mars 1993 à Kyalami, près de Johannesburg.

Dans son sillage immédiat, Michael Schumacher n'a pas encore crevé le mur invisible des 300 GP : le septuple champion du monde a disputé 268 GP depuis le GP de Belgique du 25 août 1991 à Spa.

Schumacher a dépassé l'Italien Riccardo Patrese, 256 GP, qui a abandonné la compétition le 7 novembre 1993 en Australie, à Adélaïde.

Derrière, l'Écossais David Coulthard, 246 GP entre 1994 et 2008, ne résiste que de peu à l'Italien Jarno Trulli qui, en 2010, est passé de 216 à 235 GP. Trulli avait débuté en F1 le 9 mars 1997 dans le GP d'Australie à Melbourne. Au passage, Trulli a doublé son compatriote italien Giancarlo Fisichella, cantonné à 229 GP entre 1996 et 2009.

Au-dessus de la barrière symbolique des 200 GP, on trouve ensuite l'Autrichien Gerhard Berger (210 GP entre 1984-1997), l'Italien Andrea de Cesaris (208 GP entre 1980-1994), le Brésilien Nelson Piquet (204 GP entre 1980-1994), le Français Jean Alesi (201 GP entre 1989-2001).

Pour l'anecdote, Alain Prost (199 GP entre 1980 et 1993) a échoué au bord du club des 200 GP (voire plus).

Détail : tous les pilotes précités ont remporté, au moins, un GP. À l'exception de l'Italien Andrea de Cesaris.

Mais l'histoire de la F1 et de ses grands pilotes s'écrit autrement, en privilégiant les participations des uns et des autres à certains GP, étapes de référence.

Cette approche donne le classement suivant :

Premier pilote à 50 GP : Juan Manuel Fangio, le 19 janvier 1958 à Buenos Aires. Le quintuple champion du monde s'était retiré, officiellement, en 1957. Il revint à la course en 1958 par plaisir de disputer son GP national pour la sixième fois et clôtura définitivement sa carrière à Reims le 6 juillet 1958.

Premier pilote à 100 GP : Jack Brabham, le 20 juillet 1968, lors du GP d'Angleterre à Brands Hatch. Déjà triple champion du monde, Brabham ne termina pas la course.

Premier pilote à 150 GP : Graham Hill, le 3 juin 1973 à Monaco. Lui qui avait déjà gagné cinq fois en Principauté ne rallia pas le drapeau à damier. Il conduisait une Shadow-Cosworth après sa brillante épopée Lotus.

Premier pilote à 200 GP : Riccardo Patrese, le 15 juillet 1990 dans le GP d'Angleterre, à Silverstone, aux commandes d'une Williams-Renault. Il ne rejoignit pas le drapeau à damier.

Premier pilote à 250 GP : Riccardo Patrese, le 25 juillet 1993 dans le GP d'Allemagne à Hockenheim, sur une Benetton-Ford. L'Italien arrivait à sa dix-septième (et dernière) saison de championnat du monde. Il se classa cinquième.

Premier pilote à 300 GP : Rubens Barrichello, le 26 septembre 2010 à Singapour. Le Brésilien entra dans les points, sur Williams-Cosworth, en finissant sixième. L'avenir continue de lui appartenir...

BEHRA Jean (France)

Né le 16 février 1921 et décédé le 1ᵉʳ août 1959. Venu aux sports mécaniques par la moto, Jean Behra sollicite Amédée Gordini en 1951 pour courir sur quatre roues. L'occasion se présente à lui, peu après, aux Sables-d'Olonne : il bat Maurice Trintignant. Et il enchaîne dans d'autres courses françaises. Il rivalise, toujours sur Gordini, avec Robert Manzon et André Simon. C'est un bagarreur-né, jamais rassasié d'offensives à outrance.

Entre 1951 et 1959, il dispute 52 GP, la plupart chez Gordini puis Maserati, BRM et Ferrari. Ce bagarreur-né est un inquiet : « Quand un pilote lève le pied du plancher, il est fichu. Il descend la pente mille fois plus vite qu'il l'a montée. »

Dans le GP de France 1959, à Reims, un incident l'oppose à son team manager. Behra est exclu sur-le-champ de la Scuderia. Moins d'une semaine après, sur une Porsche, il se tue sur l'Avus, à Berlin. Il n'a pas donné en F1 tout ce dont il était capable.

BELTOISE Jean-Pierre (France)

Né le 26 avril 1937. Jusqu'à ce dimanche 7 août 1966, ce Français qui s'aligne au départ du GP d'Allemagne, sur le tracé du Nürburgring, au volant d'une Matra F2, selon le règlement d'alors, était réputé comme un motard prometteur. Jean-Pierre Beltoise (29 ans) s'était longuement rodé en moto sur une Jonghi avant de s'illustrer en Formule 2 sur une René-Bonnet.

Ce 7 août 1966, Beltoise savoure intensément sa chance de frôler les machines de F1. Deux ans auparavant, aux Douze Heures de Reims 1964, il avait failli périr dans une terrible cabriole nocturne. Sa René-Bonnet s'embrase subitement. Lui en est éjecté juste avant le crash mais à plus de 50 mètres des débris de sa machine. Les sauveteurs, d'ailleurs, ne savaient pas, dans un premier temps, où Beltoise était passé.

Après les premiers soins d'urgence, il est temps d'avertir Beltoise qu'il doit renoncer à toute ambition dans les sports mécaniques. Les premiers spécialistes envisagent le pire. Une amputation pure et simple de deux de ses membres. Beltoise ne serait donc, définitivement, qu'un mort-vivant.

À l'hôpital des Peupliers, un éminent spécialiste, le professeur Dautry, s'oppose résolument à toute amputation quelle qu'elle soit. Beltoise est pourtant cassé de partout : aux coudes, aux genoux, aux poignets, aux côtes, etc. Il a beau être conscient, il se rend compte qu'il frôle un état de semi-infirmité.

Pour le professeur Dautry, Beltoise demeure récupérable. Son pronostic vital n'est pas aussi compromis qu'il le semble. Beltoise, rescapé d'un éventail de multifractures, ne rêve que de revenir sur les circuits. Captivé par la détermination du pilote, le professeur Dautry s'engage vis-à-vis de lui à le réparer en lui laissant un long délai de « reconstruction » *(sic)*.

Beltoise respire. Mais l'éminent praticien ne lui impose qu'une contrainte. Il explique à Beltoise les radiographies de son coude gauche. L'image est confuse et éclatée en petits morceaux. Beltoise reste silencieux.

Aujourd'hui, Beltoise a toujours dans l'oreille la phrase du professeur Dautry : « Je suis obligé de vous bloquer le coude gauche pour que vous puissiez vous en servir. Dans un cockpit de voiture, par exemple… » Les dix-sept microfractures du coude gauche de Beltoise ne se guériront que très lentement selon un angle précis. « Pour conduire ! » réclame Beltoise. Le professeur Dautry s'attendait à cette requête.

Dans son lit, Beltoise évalue le meilleur angle possible pour qu'avec son coude gauche bloqué il puisse manœuvrer de son mieux. En plus, Beltoise le sait : son coude gauche restera immobilisé à vie. Beltoise n'a plus qu'une hâte : recourir. Le reste, il s'en moque…

Dans la perspective d'une imminente trentaine, il ne reste à Beltoise qu'une carrière à accomplir. L'essentiel, quoi.

Un peu plus de trente-six mois plus tard, Beltoise réalise son rêve : il débute en F1, le 1er octobre 1967, à Watkins Glen dans le GP des États-Unis, au sein de l'écurie Matra-Ford[1].

L'arrivée de Beltoise sonne le réveil de la F1 française. Depuis Maurice Trintignant, en 1964, sur BRM, aucun Français ne participait au championnat du monde. À la tête de Matra, Jean-Luc Lagardère a compris la nécessité de revenir dans la compétition automobile.

Et Beltoise, le rescapé de Reims 1964, est le fer de lance de cette offensive tricolore.

En définitive, entre 1966 et 1974, Beltoise dispute 86 GP sur Matra (1967-1971) puis sur BRM (1972-1974). Ce débutant tardif dans la discipline majeure de la course auto incarne le renouveau de la F1 française.

Titi parisien, intrépide et jovial, Beltoise monte sur son premier podium le 23 juin 1968 à Zandvoort, dans le GP de Hollande, en tant que deuxième derrière Jackie Stewart. Cinquante-neuf jours exactement après son 31e anniversaire.

Le 14 mai 1972, dans sa deuxième saison chez les Anglais de BRM, il aborde son cinquième GP de Monaco (après 1968, 1969, 1970, 1971). Il n'aime pas tellement ce tracé urbain qui ne lui a jamais franchement réussi. En plus, le décor de la Principauté est noyé sous une pluie torrentielle. Des menaces d'annulation sont évoquées.

En deuxième ligne, Beltoise est à l'affût derrière Emerson Fittipaldi (en pole) et Jacky Ickx. Le premier tour, fantasmagorique, n'est même pas terminé que Beltoise a dépassé la Lotus de Fittipaldi et la Ferrari d'Ickx ! Il reste une randonnée de soixante-dix-neuf tours à accomplir. Beltoise, en tête, est le seul à découvrir visuellement les difficultés d'une des courses les plus humides de toute l'histoire de la F1.

Lui, rescapé d'un grave accident en 1964 et gêné pour manœuvrer, écrit son plus beau chapitre de carrière en crevant une muraille de pluie. Roi d'un jour à Monaco, Beltoise mesure,

---

1. Cette fois, il peut marquer des points à l'inverse du 7 août 1966.

pour toujours, le prestige d'un vainqueur en Principauté. « En une seule course, j'ai réalisé le rêve que la plupart des pilotes n'ont jamais vécu », assure-t-il, plusieurs décennies plus tard, avec le même sourire et la même faconde qu'en 1972.

Aussi actif que naguère, Beltoise s'investit aujourd'hui dans de nombreux projets de circuit en France et en Afrique. Il porte aussi le schéma d'une renaissance du GP de France dans la région parisienne.

Avant son légendaire GP de Monaco, Beltoise avait écrit un ouvrage de souvenirs et d'impressions sous un titre prophétique qu'il avait lui-même choisi : *Défense de mourir* (Solar). Ce livre est un message adressé à tous les pilotes de tous les temps.

BERGER Gerhard (Autriche)

Né le 27 août 1959. Le 12 octobre 1986, le jeune Autrichien Gerhard Berger (27 ans) enlève son premier GP, à Mexico, sur le légendaire circuit Hermanos Rodriguez, après vingt-sept courses infructueuses. Aux commandes d'une Benetton-BMW turbo, Berger s'est montré souverain. À Maranello, Enzo Ferrari qui l'a suivi en direct de son bureau explose de joie : Berger a signé chez Ferrari le 23 septembre 1986 en préférant l'écurie italienne à McLaren et à Williams. Pour le Commendatore, ce choix de Berger est une victoire personnelle…

Silhouette fine, look élégant, Berger rejoint Michele Alboreto, brun et costaud. Le contraste, frappant, n'a aucune signification. Enzo Ferrari attend de Berger qu'il suive l'exemple de son illustre compatriote, Niki Lauda, double champion du monde Ferrari (1975, 1977). Marco Piccinini découvre bientôt que Berger est aussi un chef d'entreprise : il est le P-DG d'Europa Frans, une grosse société de transport fondée par son père et basée à Wörgl (Autriche).

Jusque-là, cette double appartenance n'a pas ralenti la progression de Berger. Aucune raison ne laisse croire à la prééminence du P-DG sur le pilote d'élite. Berger assume cette dualité avec brio. Sa première victoire en rouge, le 1er novembre 1987 dans le GP du Japon, correspond à l'inauguration de Suzuka, considéré sur-le-champ comme une référence absolue en matière de pilotage. D'ailleurs, Berger a devancé Senna. Il recommence dans le GP suivant, en Australie.

Par stratégie, Maranello voit en Berger le successeur mondial de Lauda. Mais il tarde à concrétiser les ambitions nourries pour lui par Enzo Ferrari, Marco Piccinini et John Barnard. L'objectif mondial fixé à l'Autrichien est difficile à atteindre. Il n'enchaîne pas les succès comme prévu. Il n'a pas renoncé à ses responsabilités de P-DG. « Elles me libèrent pour la F1 », dit-il, en maniant (un peu) le paradoxe.

Mais, à son corps défendant, Berger illustre une des pires périodes de l'histoire de la Scuderia. Pour Alboreto et lui, le manque de compétitivité de leurs monoplaces est un handicap insurmontable.

La disparition d'Enzo Ferrari, annoncée le 14 août 1988, l'accable. On lui rappelle qu'il a été le dernier pilote engagé personnellement par Enzo Ferrari. Sa réponse, de haute ligne, Berger la donne le 11 septembre 1988 à Monza en s'imposant dans le GP d'Italie devant Alboreto. Les Italiens le considèrent désormais sous un jour nouveau : Berger est devenu leur idole.

En cette année 1988, Alain Prost et Ayrton Senna se partageaient les victoires. En interrompant leur alternance, dans l'ambiance enfiévrée et endeuillée de Monza, Berger accomplit un pieux devoir en hommage à Enzo Ferrari. Mais les exigences de performance ne se nourrissent pas de considérations morales. En 1989, l'arrivée de Nigel Mansell l'éclipse.

Par la suite, Berger passe chez McLaren-Honda aux côtés d'Ayrton Senna, avec lequel il est personnellement très lié. Il continue de figurer aux avant-postes des GP mais il ne glane que des succès épisodiques. Luca di Montezemolo, fraîchement nommé à la tête de Ferrari, le sollicite pour réintégrer la Scuderia, avec un contrat de trois ans (1993, 1994, 1995) pendant lequel il passe sous les ordres d'un nouveau directeur sportif, Jean Todt.

Toujours combatif, élégant et méthodique, Berger termine sa trajectoire chez Benetton-Renault en 1996-1997. Il n'a jamais rien abandonné de ses responsabilités de P-DG. Ses différentes écuries (McLaren, Ferrari, Benetton) l'ont accepté comme tel.

Au lendemain de son dernier GP, il est sollicité par BMW, l'écurie de son premier succès, comme gestionnaire (partiel) de l'écurie. Cette situation ne lui convient pas. Pas plus qu'une autre, de même style, chez Toro Rosso. Comme ex-pilote, il redevient P-DG a 100 %, ce qu'il n'avait jamais cessé d'être. Sa haute silhouette se promène souvent dans les paddocks. En soulevant beaucoup de sympathie sur son passage...

BOUILLEUR

C'est un mot en voie de disparition concernant une partie (essentielle) de la monoplace qui, elle, n'est pas du tout en voie de disparition.

En effet, un bouilleur est – ou plutôt était – le moteur de la machine de course, dans les années 1965-75.

Évoquer un bouilleur en état de surchauffe, à bout de souffle, en panne, en perte de puissance, etc., ce genre de formulation appartient à une époque révolue de la F1.

Il arrive encore, ici et là, que certains ingénieurs ou techniciens du temps jadis utilisent spontanément ce terme de bouilleur.

Et c'est eux qui s'étonnent de l'effet d'incompréhension par eux provoqué...

BRABHAM Jack (Australie)

Né le 2 avril 1926. Le 12 décembre 1959, la F1 allait boucler sa première décennie à Sebring, sous le ciel de la Floride. À l'avant-dernier tour du premier GP des USA, l'Australien Jack

Brabham – dont c'était le premier voyage aux USA – se sentait en confiance. Le titre mondial devait se jouer entre Brabham (Cooper-Climax), Stirling Moss (Cooper-Climax) et Tony Brooks (Ferrari). Mais Moss avait abandonné et Brooks était distancé. Brabham, qui en était à son vingt-quatrième GP, entrevoyait ce qu'il appelait « une bonne surprise ».

En matière de surprise, Brabham est servi. Il entame son cinquante-troisième et dernier tour. Il est à moins de 1 000 mètres de l'arrivée. Soudain, son moteur tousse avant de s'éteindre en une seconde. La panne la plus stupide du monde – une panne sèche – l'immobilise en pleine piste sous un soleil de plomb. Deux machines surgissent, Bruce McLaren et Maurice Trintignant doublent Brabham.

Il ne reste plus à ce dernier qu'à pousser sa voiture. Lentement. Très lentement. Brabham déclenche des torrents d'applaudissements. Il est à bout de forces. Au terme de 4'57'', épuisé, il franchit la ligne d'arrivée. Il s'effondre dans une caravane. En champion du monde...

On découvre en ce pilote australien, peu expansif, un phénomène d'énergie. Avec le n°1, en 1960, le même Brabham est transformé. L'homme a gagné en assurance. Et le pilote en expérience. Avec quatre victoires (Hollande, Belgique, France, Angleterre), il n'a besoin que d'une cinquième à Oporto, sur un tracé urbain du sud du Portugal pour garder son titre. Brabham s'impose sur sa Cooper-Climax devant McLaren. Un joli doublé. Mais Brabham a frôlé le pire : « J'ai dérapé sur les rails du tramway (!) et j'ai failli rejoindre directement le dépôt. » Il éclate de rire.

Un deuxième Brabham se cache derrière le pilote. Constructeur, il devient son propre employeur et son propre pilote aussi. La Brabham-Climax débute le 5 août 1962 au Nürburgring. Sa première victoire survient le 3 juillet 1966 à Reims. Et Jack Brabham est champion du monde le 4 septembre 1966 à Monza dans une ambiance délirante (doublé Ferrari, avec Scarfiotti-Parkes). Il a pourtant abandonné mais il est, mathématiquement, intouchable à deux GP de la fin (USA, Mexique). Il est le premier artisan-pilote-constructeur champion du monde, en n'ayant couvert que 40 kilomètres sur les 391 de ce GP d'Italie…

Il lui reste quatre saisons à son programme de triple champion du monde, le premier depuis Fangio soit dit au passage. « Ce n'est pas parce que j'ai atteint mon objectif que je vais m'arrêter sur-le-champ », déclare-t-il sobrement. Il ne vend son écurie qu'en 1970 pour regagner l'Australie avec la satisfaction d'avoir accompli sa mission de pilote-constructeur. Une aventure unique en son genre.

BRIVIO Antonio (Italie)

Né le 30 janvier 1905 et décédé en février 1995. Avant la F1, il y avait déjà et quand même la F1, en ce sens que les grands pays européens comme l'Italie, la France, l'Allemagne, l'Angleterre, Monaco organisaient des courses répertoriées comme GP.

Ce joyeux désordre aurait pu se poursuivre et franchir le cap des années 1950 si un Italien avisé, Antonio Brivio, pilote talentueux et spécialiste olympique de bobsleigh, n'avait émis l'idée d'intégrer ces GP dans une compétition internationale périodique annuelle. Les Automobile Clubs florissaient à travers l'Europe depuis déjà plusieurs décennies et se distinguaient par leur créativité.

D'ailleurs, le premier GP de l'ACP (Automobile Club de France) remontait à… juillet 1914. Sans ironie aucune, on constate qu'il a fallu passer de l'après-guerre 1914-1918 à l'après-guerre 1939-1945 pour voir le sport auto s'unifier avec des nations (enfin) disposées à des joutes strictement sportives.

Aussi caricatural puisse être ce raisonnement, il correspond néanmoins à la réalité de l'époque et des nations. La multitude désordonnée des compétitions illustrait la santé prometteuse du sport auto à travers des structures nationalistes et (souvent) influencées par la politique.

De cette diversité devait finalement naître le premier championnat du monde de la F1 en 1950, méthodiquement élaboré depuis 1948 par Antonio Brivio, peu après la disparition d'Ettore Bugatti. Ce dernier, constructeur de génie, avait été l'un des plus ardents prophètes de l'universalité (à venir) de la course auto à travers une spécialité de pointe qui serait la F1. Il suffisait d'y croire.

C'était donc aussi simple que ça. Antonio Brivio, devenu entre-temps le marquis Sforza, fut l'infatigable porte-parole d'une nouvelle conception des grandes courses automobiles regroupées sous le dénominateur commun de Grand Prix.

Cette formulation de GP devait, réglementairement, être accolée à un pays dans le cadre d'une compétition mondiale contrôlée et validée par les instances sportives internationales. La référence identitaire à une nation générait un intérêt immédiat.

Cette schématisation qui paraît aujourd'hui normale et rationnelle ne l'était pas du tout en une période – étalée sur près d'une décennie – de réflexions contradictoires. L'instauration de ce championnat du monde devait franchir plusieurs étapes avant d'aboutir, enfin, en 1950.

Pour mémoire, voici les sept GP de 1950 dans leur ordre d'apparition sur la scène internationale : Angleterre, Monaco, Indianapolis, Suisse, Belgique, France, Italie. Autrement dit, avec six GP, l'Europe se taillait la part du lion...

L'intégration dans ce calendrier d'Indianapolis, à travers l'image des 500 Miles (qui existaient depuis 1911) et non celle d'un GP des USA, correspondait à la volonté d'intégrer les pilotes américains dans une spécificité, la F1, à vocation universelle. Cette idée se révéla stérile en raison du peu d'attirance des Américains pour des courses très éloignées des 500 Miles.

Les deux premiers (et seuls) Américains couronnés champions du monde, le Californien Phil Hill (1961) et l'ex-Italien Mario Andretti (1978), n'ont pas franchement fait école. En plus, la périodicité du GP des USA est assez irrégulière.

Bref, en décollant, le 13 mai 1950, de Silverstone, ancien aéroport militaire reconverti en pacifique piste de course, la F1 s'envolait à la conquête du monde.

En 2011, le championnat du monde (pilotes et constructeurs) devait atteindre le chiffre record de vingt GP à travers l'Europe, l'Asie, l'Australie, l'Amérique.

Seule l'Afrique (qui accueillit un GP du Maroc et 23 GP d'Afrique du Sud entre 1958 et 1993) manque à l'appel. Cette absence n'est peut-être que provisoire. En effet, la programmation du championnat du monde est soumise aujourd'hui à des impératifs matériels fluctuants.

BUTTON Jenson (Grande-Bretagne)

Né le 19 janvier 1980. Entre son premier GP, le 12 mars 2000 à Melbourne, sur une Williams-BMW, et celui de son titre mondial, le 17 octobre 2009 à Interlagos, Jenson Button disputa 169 courses. La 170e avait suivi sa consécration. D'autres grands pilotes de cette récente époque, comme Jean Alesi, David Coulthard, Rubens Barrichello, Riccardo Patrese, entre autres, en ont couru autant ou plus que Button sans jamais être consacrés.

La trajectoire de Button démontre qu'un championnat du monde se gagne selon une règle (presque) immuable qui exige de se trouver au bon moment dans la meilleure voiture (précisément) du moment. Cette banalité s'est vérifiée avec Button. La rencontre Button-Brawn en 2008, chez Honda, était prometteuse. La réussite de 2009 (après le retrait de Honda) sur une Brawn-Mercedes paralysa la concurrence.

Jusqu'à cette saison 2009, Button passait pour un authentique espoir (entré en F1 à 20 ans) qui se contentait de miser sur ses dons plus que sur son assiduité et sa méthode. Il lui avait suffi, dans les années 2000-2004, de lancer une phénoménale *Buttonmania* dans un public anglais en manque d'un Nigel Mansell ou d'un Damon Hill pour se sentir rassasié.

Malgré ses errances de carrière (chez Benetton ou BAR-Honda première époque), Ross Brawn croyait assez en Button pour le récupérer, lors du retrait d'Honda en 2008, et le positionner en leader d'un grand projet en 2009. Ce déclic révéla

Button aussi bien à lui-même qu'au milieu de la F1. Une formule circula dans le paddock : « Avec Button, Brawn a gagné plus vite le titre qu'avec Michael Schumacher chez Ferrari. » C'était caricatural.

En même temps, Button se valorisa personnellement assez pour passer, en 2010, chez McLaren-Mercedes comme équipier d'un autre champion du monde anglais, Lewis Hamilton. C'était bien joué. Dans la ligne droite des 200 GP, Button (jeune trentenaire) a toujours un avenir.

C

CAISSE

Qui donc, le premier, a parlé de sa voiture – monoplace ou pas – en l'appelant sa… caisse ?

Cette énigme qui appartient à l'histoire (non écrite) de la compétition automobile se décline sur toutes les sortes de machines de course, des engins d'initiation jusqu'aux monoplaces modernes.

Avec, même, une extension familière pour les modèles de route.

Quoi qu'il en soit, ce terme de caisse, aussi bien utilisé à propos d'une Ferrari que de toute autre voiture de compétition moins prestigieuse, donne essentiellement aux initiés un prétexte pour resserrer leurs rangs et s'identifier comme les complices d'une aventure partagée.

Une certitude : à ce jour, nul n'a entendu un propriétaire ou un conducteur de Rolls-Royce, Bentley ou autre limousine de ce rang parler de sa voiture comme d'une… caisse.

CALVET Jacques (France)

Né le 19 septembre 1931. Depuis une dizaine de jours, une grande conférence de presse sur le projet Peugeot Prost GP de F1 est prévue pour ce vendredi 14 février 1997, avenue de la

Grande-Armée, à Paris, au siège d'Automobiles Peugeot. La fièvre est montée dans tous les médias.

Ce même vendredi, Alain Prost attend Jacques Calvet, le président de Peugeot à son domicile parisien, près de l'Arc de Triomphe, pour la signature définitive du contrat de cinq ans entre le quadruple champion du monde et Peugeot. Ces dernières semaines, les nuages se sont accumulés à propos de la transformation d'un partenariat gratuit de Peugeot en entente payante pour une durée identique, cinq ans.

Ce schéma ne correspond plus à celui demandé expressément par Alain Prost à Jacques Chirac, le président de la République et très proche de Calvet.

Chirac avait pourtant obtenu une fourniture « gracieuse » du moteur Peugeot auprès de Calvet. Mais ce dernier était revenu sur sa parole pour des raisons de gestion interne, sur l'insistance de Frédéric Saint-Geours et Jean-Martin Folz, exploitant ainsi la faiblesse présumée de Calvet en fin de mandat présidentiel.

Calvet avait donc demandé 40 millions de francs. Après discussion, Prost a obtenu un rabais de 15 millions de francs. Le même Prost soupire : « À 25 millions de francs, mon budget est sérieusement entamé. » Il ne peut pas reculer. L'échéance médiatique imminente est pesante.

En fait, Prost est l'otage d'une guerre larvée entre Frédéric Saint-Geours en place, et Jean-Martin Folz qui arrive. Ni l'un ni l'autre ne veut cautionner ce projet Prost GP à l'horizon de 1998.

En signant le contrat que lui a apporté Jacques Calvet, Prost a découvert *in extremis* que la durée d'exploitation du moteur, toujours fixée à cinq ans depuis le début des discussions, a été arbitrairement ramenée à trois ans. Prost a demandé des explications. Calvet, très embarrassé, esquive. Il lance des phrases alambiquées dont personne, mis à part Prost, ne se souvient. Le mal est fait : le projet Prost GP Peugeot est précarisé.

Et maintenant, dans ce laps d'un temps soudain alourdi, Prost en arrive à se demander si le jeu de la F1 sous le label Prost GP Peugeot vaut la peine d'être tenté.

Hugues de Chaunac, son ami de longue date, ne sait quel conseil lui donner. Il conduit la Volkswagen de location retenue pour aller avenue de la Grande-Armée. Alain s'installe près de lui.

Le trajet est bref, mais Prost l'entrecoupe d'une question lancinante et répétitive : « Est-ce que ça vaut le coup d'y aller ?... Ils sont capables de me préparer un autre coup fourré. Alors ?... » Jamais Hugues de Chaunac n'a roulé aussi lentement de sa vie. Il s'en souvient encore. Mais Alain Prost ne recule pas.

En définitive, cette opération Prost GP Peugeot est condamnée. Pour une raison aveuglante : le contrat de confiance personnelle entre Alain Prost et Peugeot était d'emblée ruiné.

Jacques Calvet se préparait à quitter l'entreprise dans quelques mois. Et il n'avait jamais été partisan de la F1. Il n'avait jamais accepté de porter ce projet Prost GP Peugeot sur les fonts baptismaux de l'entreprise qu'en remerciements personnels à Jacques Chirac pour certaines manifestations familiales aux antipodes de l'industrie automobile de Peugeot et de la F1.

C'est ainsi que le plus grand projet F1 français, en dehors de Renault, resta confiné dans une pénombre ravageuse.

Cette anecdote, qui a résisté aux années, est révélatrice de l'état d'esprit d'un homme encore puissant dans son domaine, Jacques Calvet, peu désireux de voir une écurie de F1 perdurer après son retrait de la vie professionnelle...

Une entente longue durée Prost GP Peugeot, sur la base d'échanges réciproques et d'une culture d'image partagée, avait de fortes chances de maintenir une présence française extra Renault en F1. Au lieu de ça...

Jacques Calvet a toujours gardé le silence sur cette page noire de l'histoire de la F1 française. Et pour cause...

CEVERT François (France)

Né le 25 février 1944 et décédé le 6 octobre 1973. Une carrière fulgurante. Tous les dons du monde. Le profil et l'allure d'un prince de la vitesse. Dès son premier GP, le 21 juin 1970 à Zandvoort[1] aux Pays-Bas, sur une Elf-March, François Cevert (26 ans) dépasse les attentes par son sang-froid et sa maîtrise. L'ambiance est pourtant très lourde : le jeune Anglais Piers Courage (28 ans) se tue sur sa De Tomaso-Ford dans une violente sortie de piste. Cevert, qui ne rallie pas le drapeau à damier, ne dit rien. Il n'ose pas évoquer ses premières sensations de Formule 1. Ses partenaires d'écurie, Jackie Stewart et Johnny Servoz-Gavin, l'ont accueilli avec chaleur.

Très doué, faussement décontracté, élégant, très ouvert et d'une ambition à fleur de peau, Cevert est né pour vaincre et séduire. Il est l'archétype du jeune premier, pilote de course au charme ravageur. Mais Cevert a un atout secret : il ne se laisse pas détruire par les apparences.

Chez March, Jackie Stewart et Cevert se découvrent mutuellement. Champion du monde en titre, l'Écossais apprécie le sérieux et la concentration du Français, que François Guiter, le détecteur de talents chez Elf, lui a chaudement recommandé.

Depuis de longues années, Cevert baigne dans l'univers de la compétition. Sa sœur Jacqueline est l'épouse de Jean-Pierre Beltoise, le symbole du renouveau de la compétition automobile en France. Maintenant, Cevert, passé par toutes les étapes de formation, a hâte de se tester en F1. Sa proximité avec Stewart est une aubaine : la démarche méthodique, voire méticuleuse, de l'Écossais le fascine. « Je veux m'en inspirer. Je ne suis pas là pour l'imiter bêtement », dit Cevert.

En passant de la théorie à la pratique, il ne reste plus aux deux hommes, Stewart (31 ans) et Cevert (26 ans), qu'à suivre leur trajectoire, simultanément. Naturellement, Cevert est plus guetté au tournant de la réussite que Stewart. Il glane son premier point à Monza le 6 septembre 1970, le lendemain de l'accident mortel de Jochen Rindt. Son premier podium, le 4 juillet 1971, dans le GP de France sur le Paul-Ricard, avec et derrière

---

1. Sur une Tecno F2, il a disputé, le 3 août 1969, le GP d'Allemagne avec un classement séparé.

Jackie Stewart, concrétise le premier doublé de l'écurie Elf-Tyrrell et, surtout, valide la sensible progression de Cevert.

Moins de trois mois après ce prometteur résultat, le 3 octobre 1971 à Watkins Glen, Cevert clôture sa deuxième saison en s'imposant dans le GP des États-Unis devant Jo Siffert et Ronnie Peterson. *La Marseillaise* n'avait pas retenti en F1 depuis celle de Maurice Trintignant le 18 mai 1958 à Monaco…

Mais le véritable symbole se situe ailleurs : Jackie Stewart avait magistralement pris le commandement pendant les treize premiers tours avant de le céder, sous la pression des événements, à Cevert qui avait résisté pendant quarante-six tours à la meute de ses poursuivants, maintenant à 40 secondes. La réalité de l'exploit valorise Cevert.

Pour Cevert, ce podium américain est une rampe de lancement vers un destin mondial. « Je suis évidemment ravi mais je n'en suis pas pour autant un autre homme. Je me suis borné à suivre ma courbe de progression », confiera-t-il plus tard, à froid. Le successeur présumé de Stewart se dessine dans ce propos. Il ne lui reste plus qu'à confirmer.

L'année 1972 se révèle difficile, aussi bien pour lui que pour Jackie Stewart, trahi par les années paires. Mais Cevert la termine en beauté, encore et toujours à Watkins Glen, sur le podium derrière et avec Jackie Stewart (33 ans). Leur Tyrrell-Ford n'a pas résisté à la Lotus-Ford d'Emerson Fittipaldi.

Après avoir totalisé 37 GP (1969, 1970, 1971, 1972), Cevert aspire à une (très) grande année 1973. Les sollicitations (Ferrari, BRM, UOP-Shadow) pleuvent sur lui. Cevert qui incarne désormais un jeune coureur en voie de maturité les enregistre sans les commenter. Il s'est fixé le titre mondial pour objectif, en rivalité et en partenariat avec Jackie Stewart, sur ses gardes.

En plus, Cevert dispute avec son beau-frère Jean-Pierre Beltoise, chez Matra-Simca, le championnat du monde des constructeurs (en endurance). Ce lourd programme lui convient parfaitement. De fait, il s'épanouit sur tous les circuits.

Au passage, Cevert s'est classé deuxième des 24 Heures du Mans. Il se distingue, en plus, sur une McLaren privée dans les courses américaines de la Can Am. Il ne néglige pas non plus le championnat d'Europe de Formule 2. En passe de devenir une star mondiale, il rejoint Jean-Claude Killy et Jackie Stewart, notamment, dans l'entité IMG, de Mark H. McCormack, qui gère les intérêts d'une vingtaine de champions internationaux. En cet automne 1973, Cevert atteint son zénith.

Le 23 septembre 1973, à Mosport, dans le GP du Canada, Cevert n'échappe pas à un léger accident. Il est touché sans gravité à la cheville gauche. Sur la route de Watkins Glen, son circuit fétiche, pour le GP des États-Unis le 7 octobre 1973, il se repose aux Bermudes avec Helen et Jackie Stewart.

Le samedi 6 octobre 1973, à 11 h 53, à la fin des essais, il demande à Ken Tyrrell la liberté de couvrir quelques tours de plus. Dès le premier de ces « quelques tours », Cevert se tue sur une barrière dite « de protection ».

Une certitude : Cevert n'a pas eu le temps de voir la mort venir.

Une confidence : au lendemain de l'enterrement de Cevert, à Saint-Pierre-de-Neuilly, Jackie Stewart confiait, sur un ton morne : « Toute ma vie, je regretterai de ne pas avoir dit à François, aux Bermudes, que j'allais me retirer en 1973. » Et Stewart le répète encore...

CHALEUR (se faire une)

Dans le sport automobile, la référence à la chaleur n'est pas plus d'ordre thermique que climatique. « Se faire une chaleur » pour un pilote, c'est traduire un soulagement après une péripétie hasardeuse, révéler et gommer une frayeur rétrospective (quel que soit le délai de perception après une manœuvre positive), effectuer un dépassement limite (par exemple) ou, encore, se soustraire à un accident passif de quelque nature que ce soit.

Lors des GP sous la pluie, les « chaleurs » se multiplient. En règle générale, « se faire une chaleur » n'a aucune connotation dramatique. Au contraire.

CHAMPAGNE

À l'époque de dom Pierre Pérignon, moine bénédictin (1638-1715), originaire de Sainte- Menehould (Marne), entré dans l'Histoire pour avoir appliqué au champagne le procédé de fabrication des vins mousseux, la F1 n'existait pas.

Dès sa naissance, en 1950, la F1 s'est découvert une prédilection instantanée pour le champagne. La coïncidence entre un symbole de fête et l'allégresse d'un vainqueur de GP est révélatrice : le jaillissement des bulles salue la joie de gagner et de vivre dans une discipline à hauts risques.

En atterrissant officiellement sur le circuit de Reims-Gueux, le 2 juillet 1950 pour le GP de France, la F1 s'autoprogrammait à succomber à la tentation du champagne en tant que produit « made in France ».

Ce message pétillant recelait une vocation universelle. Le label champenois s'institutionnalisa irrésistiblement en accompagnement des GP du championnat du monde. Au risque d'être parfois (mal) imité par des produits de substitution.

Toute boisson qui pétille n'est pas forcément champagne...

Au long des années, la dualité Épernay-Reims, les deux pôles (positions) des producteurs de champagne, généra une concurrence (à peine) feutrée. Moët & Chandon, sous l'impulsion de Jean-Marie Dubois et de son prometteur assistant Hugues Trevennec, prit assez d'avance pour se considérer en monopole pendant plusieurs décennies.

Ce monopole n'empêcha pas une double rivalité d'image et de marché. L'émergence de Mumm, sur un plan général et particulier en même temps, servit de relais à Moët & Chandon, pour substituer un monopole à un autre.

C'est ce qui se passe depuis 2000, dans une expansion maîtrisée, initiée par Jean-Marie Barrière et poursuivie par Lionel Breton. Autour de Cordon Rouge, la Légion d'honneur du champagne...

CHAMPIONS DU MONDE

Au fil des analogies intergénérationelles entre les trente-deux pilotes qui se sont partagé les soixante et un titres mondiaux depuis 1950, l'un des aspects les plus attractifs et instructifs à la fois se résume en un double calcul :

– le nombre de GP disputés par ces pilotes avant leur première victoire ;

– le délai nécessaire entre ces premières victoires et la consécration mondiale.

Établir un système comparatif à peu près exact tient du mirage, en raison aussi bien du nombre de GP de chaque championnat que de l'évolution technologique et humaine de la F1.

Ce jeu de l'esprit doit se lire au deuxième degré. Il éclaire d'un jour inédit les performances individuelles de chacun des trente-deux champions du monde.

La période antérieure à la première victoire d'un pilote est, en soi, instructive dans la mesure où cette période demande plusieurs explications.

Quand Jenson Button gagne son premier GP en 2006 en Hongrie – après en avoir couru 113 (record depuis son entrée en F1 en 2000 en Australie) –, il comble un vide.

Si ce jeune Anglais n'est pas monté plus tôt en haut du podium, il le doit (sans doute) à des orientations de carrière pas du tout judicieuses.

Une première victoire n'est pas seulement un événement comptable, une première ligne sur un palmarès. C'est aussi le plus souvent – en théorie – un déclic de carrière et une ouverture sur des perspectives prometteuses.

Bien sûr, tous ceux qui ont remporté un GP auraient aimé jouer, ultérieurement, les rôles des postulants à une consécration mondiale.

D'après ce que l'on examine, dans tous les championnats du monde depuis 1950, une première victoire apporte à son (heureux) lauréat une perception optimisée de ses propres qualités.

La transition d'un aspirant champion du monde en un champion du monde consacré est un phénomène largement répandu en F1. Mais pour beaucoup de candidats, il n'y a pas autant d'élus.

Les contradictions ne manquent pas. Vainqueur lors de son quatrième GP (Europe, 1996), Jacques Villeneuve aurait pu être champion du monde une douzaine de GP plus loin, dès sa première saison. C'eût été provocant. Mais sportivement et mathématiquement parlant, c'était vraisemblable.

Dans les champions du monde les plus précoces par rapport à leur première victoire, Juan Manuel Fangio mis à part, pour des raisons de suprématie absolue dans un délai très restreint, on ne trouve que le Brésilien Emerson Fittipaldi et le Canadien Jacques Villeneuve à avoir brûlé les étapes vers le titre mondial, le premier entre 1970-1972, le second entre 1996-1997. Ces statistiques ne sont que des péripéties. Mais il y a quelques enseignements à en tirer...

Par contre, en passant dans la catégorie des pilotes ayant disputé entre dix et trente GP avant leur premier succès en championnat, on relève Ayrton Senna, Jack Brabham, Jim Clark, Michael Schumacher, Alain Prost, Nelson Piquet, Fernando Alonso, Sebastian Vettel, etc. Soit, globalement, plus de vingt-cinq consécrations à eux huit.

Ce qui représente plus du tiers des soixante et un titres mondiaux en jeu depuis 1950.

Par contre, dans le dernier groupe, largement au-dessus des vingt-cinq-trente GP, les profils des plus tardifs champions du monde comme Mika Häkkinen, Niki Lauda, Nigel Mansell, etc., méritent autant d'éloges que tous les autres. Button, le bon dernier de cette liste, est le seul en activité.

Il importe de conclure qu'il convient justement de ne tirer... aucune conclusion de ces délais de patience et de longévité avant une victoire et, surtout, avant un titre mondial.

Mais il existe aussi un aspect complémentaire à examiner : chaque délai entre la première victoire et le titre mérite d'être analysé. Pour que chacun puisse en tirer sa propre conclusion. Tout cela n'est qu'un jeu…

Pilotes	GP avant les premières victoires	Délai pour le titre
Nino Farina (ITA)	1	1950-1950
Juan Manuel Fangio (ARG)	2	1950-1951
Emerson Fittipaldi (BRE)	4	1970-1972
Jacques Villeneuve (CAN)	4	1996-1997
Lewis Hamilton (GB)	6	2007-2008
Jackie Stewart (GB)	8	1965-1969
Alberto Ascari (ITA)	9	1951-1952
Mike Hawthorn (GB)	9	1953-1958
Mario Andretti (USA)	10	1971-1978
Damon Hill (GB)	13	1993-1996
Jody Scheckter (A. SUD)	13	1974-1979
Ayrton Senna (BRE)	16	1985-1988
Jack Brabham (AUS)	17	1959-1959
Jim Clark (GB)	17	1962-1963
Dennis Hulme (NZ)	17	1967-1967
Michael Schumacher (ALL)	18	1992-1994
Phil Hill (USA)	19	1960-1961
Alain Prost (FRA)	19	1981-1985
Sebastian Vettel (ALL)	22	2008-2010

Nelson Piquet (BRE)	24	1980-1981
John Surtees (GB)	27	1964-1964
Fernando Alonso (ESP)	30	2003-2005
James Hunt (GB)	30	1975-1976
Alan Jones (AUS)	30	1977-1980
Niki Lauda (AUT)	31	1974-1975
Graham Hill (GB)	33	1962-1962
Kimi Räikkönen (FIN)	36	2002-2007
Keke Rosberg (FIN)	49	1982-1982
Jochen Rindt (AUT)	50	1969-1970
Nigel Mansell (GB)	72	1985-1992
Mika Häkkinen (FIN)	96	1997-1998
Jenson Button (GB)	113	2006-2009

Répartition des délais entre la première victoire et le titre mondial

Même année : Nino Farina, Jack Brabham, Dennis Hulme, John Surtees, Graham Hill, Keke Rosberg.

Une année : Jacques Villeneuve, Nelson Piquet, Niki Lauda, Alberto Ascari, Lewis Hamilton, Phil Hill, Mika Häkkinen, Juan Manuel Fangio, Jochen Rindt, Jim Clark, James Hunt.

Deux ans : Michael Schumacher, Fernando Alonso, Sebastian Vettel, Emerson Fittipaldi.

Trois ans : Damon Hill, Ayrton Senna, Alan Jones, Jenson Button.

Quatre ans : Alain Prost, Jackie Stewart, Kimi Räikkönen.

Cinq ans : Mike Hawthorn, Jody Scheckter.

Sept ans : Nigel Mansell, Mario Andretti.

CIAP GP F1

Sous le sigle CIAP GP F1 – Club international des anciens pilotes de Grand Prix de F1 –, c'est bien l'histoire de la F1 qui s'écrit au quotidien.

En effet, en 1962, le Suisse Emmanuel de Graffenried, plus connu sous le surnom de Toulo, eut l'idée de fédérer tous les pilotes rescapés de leurs aventures et de leurs carrières en F1 en une époque où le danger rodait beaucoup plus insidieusement qu'aujourd'hui.

Présidé successivement par le Monégasque Louis Chiron (1899-1978), l'Argentin Juan Manuel Fangio (1911-1995), le Suisse Toulo de Graffenried (1912-2007), l'Américain Phil Hill (1927-2008), et aujourd'hui l'Allemand Jochen Mass, ce club entretient l'esprit de toujours de la F1 au fil de diverses manifestations conviviales.

En vérité, il émane de cette cohorte essentiellement masculine – une seule femme, l'Italienne Maria Teresa de Filippis y figure en tant que vice-présidente – la sérénité d'avoir vécu une grande aventure sportive en des temps (parfois) héroïques et de la prolonger au contact de leurs jeunes descendants.

Theo Hubschek, le secrétaire général de l'association, explique : « Nous avons la volonté de rapprocher les nouvelles générations de pilotes de celles de leurs prédécesseurs. Non pour affirmer la primauté de passé sur le présent mais pour offrir aux uns et aux autres le plaisir d'un contact enrichissant. » Au printemps 2011, le CIAP GP F1 comptait une pléiade d'anciens champions du monde, Jack Brabham, Emerson Fittipaldi, Alan Jones, Damon Hill, Mario Andretti, Niki Lauda, Alain Prost, Keke Rosberg, Jody Scheckter, Jackie Stewart, John Surtees, soit plus de vingt titres mondiaux au total. La représentativité de ce groupement est assurée.

Parmi les autres pilotes, qui viennent d'un peu partout, on rencontre Jean-Pierre Beltoise, Hermano Da Silva Ramos, Yannick Dalmas, Froilan Gonzalez, Jean-Pierre Jarier, Guy Ligier, Robert Manzon – apôtre des GP 1950 –, Marc Surer, François Mazet, Danny Sullivan, Helmut Marko, Patrick Tambay, etc. Cette diversité de profils et de palmarès est un gage de vitalité.

En règle générale, le GP de Monaco historique – une année sur deux – cristallise le rassemblement de ces héros d'hier, entre le Yacht Club de Monaco, l'Automobile Club de Monaco, le paddock, etc. Il fait bon croiser la trajectoire de tous ces hommes (et d'une seule femme) qui ont écrit l'histoire de la F1. En 2012, l'association fêtera son cinquantenaire. À Monaco, évidemment. Pour Michel Boeri, le président de l'AC Monaco, entre autres, le compte à rebours de la célébration de ce cinquantenaire a déjà commencé...

CIRCUITS

Voici les circuits et les trente et un pays de tous les GP du championnat du monde depuis 1950.

ABU DHABI : 2009-2011

AFRIQUE DU SUD : East London : 1962-1965

Kyalami : 1967-1993

ALLEMAGNE : Berlin : 1959

Hockenheim : 1970-2011

Nürburgring : 1984-2009

ANGLETERRE : Aintree : 1955-1962

Brands Hatch : 1964-1986

Silverstone : 1987-2011

ARGENTINE : Buenos Aires : 1953-1998

AUSTRALIE : Adélaïde : 1985-1995

Melbourne : 1996-2011

AUTRICHE : Zeltweg : 1964

Österreichring : 1970-1987

A1-Ring : 1997-2003

BAHREÏN : 2004-2010

BELGIQUE : Nivelles : 1972-1974

Zolder : 1973-1984

Spa-Francorchamps : 1983-2011

BRÉSIL : Jacarepagua : 1978-1989

Interlagos São Paulo : 1990-2011

CANADA : Mont Tremblant : 1968-1970

Mosport : 1976-1977

Montréal : 1978-2011

CHINE : Shanghai : 2004-2011

CORÉE : Yeongam : 2010-2011

ESPAGNE : Montjuich : 1969-1975

Pedralbes : 1951-1954

Jarama : 1968-1981

Jerez : 1986-1997

Circuit de Catalogne : 1991-2011

Valence : 2008-2011

FRANCE : Reims : 1950-1966

Rouen-les-Essarts : 1952-1968

Le Mans : 1967

Clermont-Ferrand-Charade : 1965-1972

Dijon-Prenois : 1974-1977, 1979-1981, 1984

Paul-Ricard : 1971-1990

Magny-Cours : 1991-2008

HOLLANDE : Zandvoort : 1952-1985

HONGRIE : Hungaroring : 1986-2011

INDE : New Delhi 2011 (30 octobre 2011)

ITALIE : Monza : 1950-2011

Pescara : 1957

JAPON : Mont Fuji : 1976-1977, 2007-2008

Aida : 1994-1995

Suzuka : 1987-2011

MALAISIE : Sepang : 1999-2011

MAROC : Ain Diab : 1958

MEXIQUE : Mexico City : 1963-1992

MONACO : 1950-2011

PORTUGAL : Porto : 1959-1960

Monsanto : 1959

Estoril : 1984-1996

SAINT-MARIN : Imola : 1981-2006

SINGAPOUR : 2008-2011

SUÈDE : Anderstorp : 1973-1978

SUISSE : Bremgarten : 1950-1954

Dijon-Prenois : 1982

TURQUIE : Istanbul Park : 2005-2011

USA : Sebring : 1959

Riverside : 1960

Watkins Glen : 1961-1980

Long Beach : 1976-1983

Las Vegas : 1981-1982

Phoenix : 1989-1991

Detroit : 1982-1988

Dallas : 1984

Indianapolis : 2000-2007

Cette liste des circuits des GP du championnat du monde comprend tous les sites où se sont disputés les GP d'Europe depuis 1950 : le Nürburgring (Allemagne), Brands Hatch, Donington (Angleterre), Jerez, Valence (Espagne). Précision : le GP d'Europe n'est pas programmé régulièrement.

Pour mémoire, de 1950 à 1960, les 500 Miles d'Indianapolis appartenaient au championnat du monde. Aucun champion du monde de cette période ne figure au palmarès.

CLARK Jim (Écosse)

Né le 4 mars 1936 et décédé le 7 avril 1968. L'image que l'on peut avoir aujourd'hui de Jim Clark n'est qu'un pâle reflet de ce que ce pilote, immédiatement surnommé « l'Écossais volant », réussit dans une carrière aussi foudroyante que brève (72 GP entre 1960-1968) et riche (25 victoires). Ce fils des Highlands, propriétaire terrien à ses moments perdus, affichait aussi bien en costume de ville qu'en combinaison de pilote une élégance innée.

Sur les pistes, Clark était le prophète d'un dieu de la technologie nommé Colin Chapman, le génial concepteur des Lotus. Cette caricature que l'on n'osait pas utiliser de son vivant revêt sa pleine signification dans la légende permanente de la F1.

« Une fois qu'on a vu courir Jimmy, on ne peut plus applaudir un autre pilote », répétait, en credo, Gérard Crombac, le fondateur de *Sport Auto*, son meilleur ami. Crombac accueillait Clark, à Paris, dans son appartement de la rue de Passy (XVIe arrondissement). D'ailleurs, Clark incarnait une race de pilotes aujourd'hui disparue : il profitait autant de la vie que de la vitesse comme s'il pressentait que les meilleurs moments de l'existence devaient être consommés sur-le-champ, de peur de ne pas durer.

Le style de Clark était une référence mais pas forcément un exemple à suivre. De gabarit réduit, il conduisait tout en finesse, les bras en extension, les yeux derrière des lunettes foncées et avec un casque noir. Au fond, Clark en imposait par son allure racée et décontractée. Surtout pas par ses mensurations.

Double champion du monde (en 1963, à 27 ans, et en 1965), il perdit trois titres mondiaux (1962, 1964, 1967) à sa portée. Il remporta les 500 Miles d'Indianapolis en 1965, l'année de son deuxième titre mondial. Son entente, technico-fraternelle, avec Colin Chapman l'empêcha d'aller voir ailleurs s'il existait une meilleure voiture que sa Lotus.

L'osmose Chapman-Clark dépassait les normes du genre : Chapman était le seul capable d'évaluer, sur-le-champ, aux essais comme en course, si Clark dépassait ses propres limites et, simultanément, celles de sa monoplace. Contrairement à beaucoup de pilotes d'alors – en vérité, la plupart –, Clark restait toujours en deçà des degrés d'usure des pneus, des freins, du moteur, etc.

Un Clark de 2011, profitant à fond de l'électronique et de toutes les simulations, serait un phénomène.

Au fait, en son temps, Clark fut le premier que l'on osait comparer à Juan Manuel Fangio. En n'ayant gagné qu'un GP de plus (25-24) que l'Argentin et en ayant couvert 72 GP contre 51 à Fangio…

CRACHER (se)

Ce terme se prononce bien plus qu'il ne se lit.

Explication : c'est la traduction française (libre) de *crash*, un mot anglais qui signifie se fracasser (contre une bordure, par exemple).

L'analogie est évidente. La transition de *crash* à se *cracher*, essentiellement verbale, découle de l'influence pragmatique de l'anglais dans le sport automobile.

Bien sûr, la dualité *crash-se cracher* ne respecte aucune orthodoxie de vocabulaire.

Ce n'est, en définitive, qu'une tolérance usuelle de propos. Rien d'autre.

L'essentiel, c'est de savoir que les anglicismes sont tellement répandus dans le sport auto qu'on finit par ne plus en prendre conscience.

CRASH TEST

Dans les années 1985, la FISA (Fédération internationale du sport automobile), bras armé sportif de la FIA, présidée alors par Jean-Marie Balestre, édicta le principe de ces crash tests en F1.

Il s'agissait, d'évidence, de préserver les pilotes, dorénavant installés assez près des commandes de leurs monoplaces, et de régler l'avance des pédales en fonction des jambes, exposées à des chocs primaires.

Le principe du crash test était né. Et il débouchait sur une « cellule de survie », destinée à protéger les jambes des pilotes autant que leurs têtes, leurs troncs et leurs bras.

En fait, la vulgarisation de ces crash tests, initiés par l'écurie Brabham-BMW en 1983, l'année de sa consécration mondiale (avec Nelson Piquet), n'était qu'une entrée en matière. Il appartenait à la FIA de les proposer aux constructeurs et de les institutionnaliser.

Cette notion du crash test, née dans la F1, avait une vocation universelle. Le crash test appartient aujourd'hui au patrimoine industriel des constructeurs.

DE

DEPAILLER Patrick (France)

Né le 9 août 1944 et décédé le 1er août 1980. Issu de la riche filière Elf, Patrick Depailler offre le profil d'un pilote de talent, dès son premier GP, le 2 juillet 1972 à Charade, sur une Tyrrell-Ford. À 28 ans, en 1974, il effectue sa première saison aux côtés de Jody Scheckter, en successeur de François Cevert dont il n'a pas le profil de supercommunicant.

Depailler remporte deux GP à un an d'intervalle, le 7 mai 1978 à Monaco (Tyrrell) et le 29 avril 1979 à Jarama (Ligier-Ford). En 1979, il est une alternative à Jacques Laffite dans la bataille pour le titre mondial.

Hélas, il se rompt les os le 2 juin 1979 dans un accident de delta-plane dans le Puy-de-Dôme. Il réintègre la F1 en 1980, chez Alfa Romeo. Le temps de courir huit GP et de trouver la mort le 1er août 1980 lors d'essais privés à Hockenheim. Un grand talent inexploité.

DRAPEAUX

Même à l'heure de l'électronique et des liaisons radio, la F1 ne dédaigne pas de s'en remettre au bon vieux système des drapeaux, agents de transmission de la réglementation des GP.

Voici un échantillon (non exhaustif) des principaux messages, plus ou moins impératifs, délivrés par ces drapeaux venus du fond des temps de la F1 et bénéficiant d'une compréhension impérieuse, élémentaire et sans limites.

Drapeau à damier : il avertit de la fin de la course, parfois avec anticipation sur le nombre de tours, en raison d'un accident ou d'une grave perturbation (météo ou autre).

Drapeau rouge : course stoppée immédiatement en cas d'accident.

Drapeau rouge et jaune : revêtement devenu glissant.

Drapeau blanc : voiture trop lente ou intervention de la voiture de sécurité.

Drapeau noir : ordre de regagner immédiatement le stand, avec sanction.

Drapeau noir avec cercle orange : invitation à réparer un problème mécanique (ou autre).

Drapeau jaune : interdiction de doubler et se préparer à réintégrer le stand de piste.

ECCLESTONE Bernie (Grande-Bretagne)

Né le 28 octobre 1930. Avant de présider aux destinées de la FOM[1], l'Anglais Bernard Ecclestone, très vite répertorié comme Bernie, tenta sa chance sur les circuits à la fin de la première décennie de la F1 en 1958. Selon des documents historiques, le pilote Bernie Ecclestone s'aligna dans les qualifications de deux GP (Monaco le 18 mai 1958 et Angleterre le 19 juillet 1958), sur une Connaught de l'écurie Brabham. Mais le jeune Anglais n'entra pas dans la grille de départ...

En vérité, Ecclestone avait une autre mission à accomplir en F1. Il avait saisi qu'il lui fallait s'intégrer dans le système relationnel naissant entre les écuries et le pouvoir sportif pour y exercer

---

1. Formula One Management.

son influence. En s'appuyant sur l'esprit artisanal des écuries anglaises (Lotus, Tyrrell, BRM, Cooper-Climax, etc.) en face des Italiens (Ferrari, Alfa Romeo) et des Allemands (Mercedes), Ecclestone s'ouvrait une voie royale.

La création de la FOCA[1] révolutionna les relations entre les organisateurs de GP, les écuries et le pouvoir sportif. L'époque où les écuries négociaient individuellement leur participation aux courses était terminée. En tant que propriétaire de Brabham, Ecclestone devenait, à la tête de la FOCA, l'interlocuteur incontournable des organisateurs (assez dispersés) et des autorités sportives (sur leurs gardes).

Ecclestone avait transformé son écurie Brabham en machine de conquête (22 victoires entre 1972 et 1988 et 2 titres mondiaux en 1981 et 1983 avec Nelson Piquet) de la F1, du pouvoir financier et, au-delà, de l'autorité suprême, au sein et à travers la FIA. Mais cette conquête, aussi économique que politique, se révéla riche en embûches.

La FIA n'était pas résignée, de prime abord, à laisser Ecclestone régenter, de son propre chef, le championnat du monde de la F1. Ecclestone ne se gêna pas, alors, pour bousculer les institutions.

Le sommet de ce conflit dont le sens échappait au grand public mais pas aux écuries, aux constructeurs, aux sponsors et aux dirigeants internationaux se déroula à Paris le 16 novembre 1980 à l'hôtel Crillon, qui jouxtait le siège de la FIA, place de la Concorde. La provocation était maximale !

Au nom de la FOCA, Ecclestone annonce la création de la World Federation of Motor Sport avec onze écuries (ATS, Arrows, Brabham, Ensign, Fittipaldi, Ligier, Lotus, McLaren, RAM, Tyrrell, Williams) et un calendrier de douze GP (qui exclut Monaco et accepte la France sous conditions). Ce projet révolutionnaire a un effet induit sur l'évolution de la F1 (et, au-delà, de l'ensemble du sport auto) en ce sens que les différentes fédérations nationales interdirent toutes, à peu près ensemble,

---

1. Formula One Constructors Association.

la cession de leurs circuits homologués à cette nouvelle association.

Il en aurait fallu plus pour décourager Ecclestone. En face, les écuries songeaient également à leurs intérêts stratégiques, industriels et commerciaux. La nécessité d'un compromis s'imposait. Mais fallait-il encore passer par les contingences personnelles de toutes les parties impliquées. Ce n'était pas le plus commode.

Mais c'était une démarche indispensable.

Dans son vaste bureau d'angle d'un gratte-ciel de Lausanne, Aleardo G. Buzzi, le président de Philip Morris Europe, en charge (notamment) de Marlboro, sponsor majeur de la F1 (aussi bien par les écuries que par les circuits), prit l'initiative d'une réunion de conciliation.

Il invite à Lausanne en secret les deux leaders les plus représentatifs, tous deux contractuellement liés avec Philip Morris, l'Italien Marco Piccinini (Ferrari) et l'Américain Teddy Mayer (McLaren). Les discussions furent longues et âpres.

D'autres concertations ultérieures eurent lieu à Modène, à proximité de Ferrari. Mais la naissance, ultérieure, de l'Accord Concorde, traité de paix (armée) entre les écuries dites « légalistes » (celle de la F1) et les « autres » (celles de la FOCA), généra la durée et la prospérité de la F1. D'abord pour quatre années. Ensuite par renouvellement au gré des périodicités retenues.

Quoi qu'il en soit, la vie de la F1 ne s'écoule pas du tout comme un fleuve tranquille. Au contraire. Elle ne se poursuit qu'à travers des écueils toujours renouvelés et toujours surmontés…

En tant que patron de Brabham, Bernie Ecclestone a notamment aligné : Graham Hill (1972), Carlos Reutemann (1972-1976), Carlos Pace (1974-1977), John Watson (1977-1980), Johnny Herbert (1977-1978), Niki Lauda (1978-1979), Nelson Piquet (1978-1985), Riccardo Patrese (1982-1983 et 1986-1987), Teo Fabi (1980), Marc Surer (1986), Elio de Angelis (1986), Derek Warwick (1986), etc.

ELF (voir TOTAL)

ESSAIS

En F1, les essais ne doivent rien à l'écrivain Michel de Montaigne[1] et encore moins à William Webb Ellis, ce génial universitaire anglais qui, sur une aire de jeu de la bourgade de Rugby[2], s'empara du ballon à la main pendant un match de football et déconcerta adversaires et équipiers en allant le déposer derrière la ligne blanche des buts.

Dès les premiers GP, il fallait déterminer une pré-hiérarchie pour organiser les départs en récompensant, préventivement, ceux qui semblaient les plus rapides du lot.

Aujourd'hui, après avoir subi des dizaines de modifications, au fil des années et d'une réglementation mouvante, les essais servent sur deux jours – avant la course – et quatre séances à hiérarchiser les monoplaces (au moins, une vingtaine) par GP sur une douzaine de rangées à raison de deux voitures côte à côte.

Si l'on distingue entre les essais libres et les qualifications, c'est bien parce que trois séances échelonnées sur deux jours (vendredi, samedi) ne servent que de mise au point pour la quatrième, le second jour, celle des qualifications qui déterminent, par le chronomètre, l'ordre de départ des pilotes pour le GP, du premier, installé en pole position, au dernier.

Depuis 1974, les machines s'alignent en grille par rangées de deux, selon les performances en ordre décroissant. Mais dans les premières années de l'ère moderne de la F1, à partir de 1950 et

---

1. Ses *Essais* datent de 1580, soit 370 ans avant le premier GP en 1950.
2. La petite ville de Rugby, à proximité de Silverstone, abrite un musée du Rugby.

pendant près d'un quart de siècle, elles se tenaient par trois, voire quatre voitures, sur chaque ligne.

Cette disposition était, au fond, paradoxale dans la mesure où les grilles de départ ne comprenaient pas plus, en moyenne, d'une quinzaine de machines.

Le rituel du placement en première ligne était immuable : l'auteur du meilleur temps occupait la place de gauche laissant les deux (ou trois) autres suivants au milieu et sur la rangée de droite.

Cette règle dura jusqu'au GP des États-Unis, le 6 octobre 1973 à Watkins Glen, endeuillé par l'accident mortel de François Cevert.

Depuis le 13 mai 1950, à Silverstone, les premières lignes des courses alternaient entre trois et quatre voitures. À Silverstone, ce 13 mai 1950, ils étaient quatre côte à côte, Giuseppe Farina, Luigi Fagioli, Juan Manuel Fangio, Reg Parnell. Mais ils n'étaient plus que trois, Fangio, Farina, José Froilan Gonzalez pour le GP suivant, à Monaco, et dans les autres GP de cette année 1950…

… Avant de revenir à quatre partants, Fangio, Alberto Ascari, Farina, Consalvo Sanesi, pour le GP d'Italie à Monza, en clôture du championnat du monde…

Comme quoi, la cohérence n'était pas nécessairement la règle.

Bref, pendant de longues années (1950-1973), le championnat du monde se poursuivait dans une certaine diversité qui ne gênait personne, pas plus les pilotes que les institutions. En fait, les GP d'Angleterre, d'Allemagne, d'Espagne et d'Argentine privilégièrent longtemps une première ligne à quatre monoplaces. Mais sans une continuité absolue.

Par exemple, en 1959, Silverstone passa, à titre expérimental, à une première ligne à trois voitures. Pour sa part, Monaco ne dépassa jamais trois voitures, tout comme la France, la Suisse, la Belgique, le Mexique, les États-Unis, le Canada, etc.

Cette diversification était, en soi, une règle non écrite mais admise. Fin 1973, ce rituel de diversité prit discrètement fin.

Depuis quelques années, les particularismes nationaux (3 ou 4 voitures) suscitaient des discussions, discrètes et continuelles, au sein des instances officielles. Une règle d'uniformisation s'imposait.

Quant aux pilotes, les premiers concernés, ils ne manifestèrent jamais leur préférence en faveur d'une première ligne à plus de deux voitures.

Cela dit, la juxtaposition de quatre pilotes en première ligne était spectaculaire. Par exemple, le 1er août 1965 à Hockenheim, la première ligne du GP d'Allemagne comprenait Jim Clark (Lotus), en pole position, Jackie Stewart (BRM), Graham Hill (BRM) et John Surtees (Ferrari), soit trois champions du monde en activité (Clark, Surtees, Hill) et un futur (Stewart, en 1969).

Ce genre d'affiche défie les années...

F

FAMILLES

Depuis 1950, elles sont nombreuses les familles qui ont émaillé l'histoire de la F1. Certaines de père en fils, certaines autres d'oncle à neveu, certaines autres entre frères, etc.

Cette histoire captivante, véritable généalogie de la F1, est permanente.

Voici une tentative de récapitulation de tous ceux qui, au fil des soixante et une premières années de la F1, ont animé les GP. En famille. Avec leurs cartes de visite.

DE PÈRE EN FILS

Jack Brabham (2 avril 1926) – David Brabham (5 septembre 1965).

Jack (champion du monde 1959, 1960, 1966) a disputé 126 GP (1955-1970) avec 14 victoires.

David a disputé 8 GP (en 1990), chez Brabham-Judd.

Graham Hill (17 février 1929-29 novembre 1975) – Damon Hill (17 septembre 1960).

Graham (champion du monde 1962, 1968) a disputé 176 GP (1958-1975) avec 14 victoires.

Damon (champion du monde 1996) a disputé 115 GP (1992-1999) avec 22 victoires.

Les Hill sont les seuls champions du monde de père en fils.

Gilles Villeneuve (18 janvier 1950-3 mai 1982) – Jacques Villeneuve (9 avril 1971).

Gilles a disputé 67 GP (1977-1982) avec 6 victoires.

Jacques (champion du monde 1997) a disputé 163 GP (1996-2006) avec 11 victoires.

Keke Rosberg (6 décembre 1948) – Nico Rosberg (27 juin 1985).

Keke (champion du monde 1982) a disputé 114 GP (1978-1986) avec 5 victoires.

Nico a disputé 89 GP depuis 2006.

Nelson Piquet (17 août 1952) – Nelson Piquet Jr (25 juillet 1985).

Nelson, champion du monde 1981, 1983, 1987, a disputé 204 GP (1978-1991) avec 23 victoires.

Nelson Jr a disputé 28 GP (2008-2009).

Satoru Nakajima (23 février 1953) – Kazuki Nakajima (11 janvier 1985).

Satoru a disputé 74 GP (1987-1991), Kazuki a disputé 36 GP (2007-2009).

Wilson Fittipaldi (25 décembre 1943) – Christian Fittipaldi (18 janvier 1971).

Wilson a disputé 36 GP (1972-1975).

Christian a disputé 40 GP (1992-1994).

Manfred Winkelhock (6 octobre 1952-12 août 1985) – Markus Winkelhock (13 juin 1980).

Manfred a disputé 47 GP (1980-1985).

Markus a disputé 1 GP (Europe, 2007).

D'ONCLE À NEVEU

Emerson Fittipaldi (12 décembre 1946) – Christian Fittipaldi (voir plus haut).

Emerson (champion du monde 1972-1974) a disputé 144 GP (1970-1980) avec 14 victoires.

Ayrton Senna (21 mars 1960-1er mai 1994) – Bruno Senna (15 octobre 1983).

Ayrton (champion du monde 1988, 1990, 1991) a disputé 161 GP (1984-1994) avec 41 victoires.

Bruno a disputé 18 GP en 2010.

ENTRE FRÈRES

Pedro Rodriguez (18 janvier 1940-11 juillet 1971) – Ricardo Rodriguez (14 février 1942-1er novembre 1962).

Pedro a disputé 55 GP (1963-1971).

Ricardo a disputé 5 GP (1961-1962).

Jimmy Stewart (6 mars 1931) – Jackie Stewart (11 juin 1939).

Jimmy a disputé le GP d'Angleterre 1953 à Silverstone.

Jackie (triple champion du monde 1969, 1971, 1973) a disputé 99 GP (1965-1973) avec 27 victoires.

Ian Scheckter (22 août 1947) – Jody Scheckter (29 janvier 1950).

Ian a disputé 18 GP (1974-1977).

Jody (champion du monde 1979) a disputé 112 GP (1972-1980) avec 10 victoires.

Michael Schumacher (3 janvier 1969) – Ralf Schumacher (30 juin 1975).

Michael (champion du monde 1994, 1995, 2000, 2001, 2002, 2003, 2004) a disputé 268 GP (1991-2010) avec 91 victoires.

Ralf a disputé 180 GP (1997-2007) avec 6 victoires.

FANGIO Juan Manuel (Argentine)

Né le 24 juin 1911 et décédé le 17 juillet 1995. Dans les années 1980, Juan Manuel Fangio ne manquait jamais le GP d'Italie, dont il aimait l'ambiance, la passion, les enjeux, etc. Il résidait à l'hôtel Principe Di Savoia, comme un privilégié de longue date. Des tas d'amis venaient le voir et discuter longuement avec lui. Pour le plaisir de remonter le passé. Un jour, dans le paddock de Monza, Fangio se laissa aller : « Au fond, j'aimerais bien encore piloter... » Dans sa bouche, ce double aveu de curiosité et d'envie respirait l'authenticité.

Lui qui s'était construit un extraordinaire palmarès articulé autour de 51 victoires et de 5 titres mondiaux (1951, 1954, 1955, 1956, 1957) n'en finissait pas de s'intéresser à son sport de prédilection. Après avoir sillonné le monde, il était revenu à Buenos Aires. Chez lui.

D'une époque à l'autre, de jadis à maintenant, Fangio aurait certainement brillé d'un plus vif éclat. Cet homme râblé, plus épais qu'athlétique, venu tardivement à la F1 (de 39 à 47 ans) n'appartient qu'au domaine de l'intemporel. Son sens aigu du pilotage affiné, son instinct des trajectoires les plus pointues, son sens des réglages minutieux auraient nécessairement débouché sur une plénitude d'efficacité.

Bref, sa marge de suprématie sur ses rivaux aurait dessiné les contours d'un formidable palmarès.

Si Fangio a laissé une si belle trace dans l'histoire de la F1, c'est bien parce qu'il survolait son époque. En anticipation sur Jim Clark, pilote-jockey par rapport à lui, qui culmina (1960-1968, 72 GP) quelques années avant son accident mortel. En produisant, dans les années 1950-1960 deux artistes (physiquement inversés) comme Fangio et Clark, la F1 élargissait son registre d'exposition.

Plus tard, bien plus tard, un Stewart, un Lauda, un Prost, un Senna, un Schumacher, un Alonso, un Vettel apparaîtront au soleil des circuits, tous bardés de dons instinctifs valorisés par la technologie du futur.

Dans sa dernière course à Reims, le 6 juillet 1958, Juan Manuel Fangio ne roulait qu'en quatrième position, sur une Maserati récalcitrante, à plus de 2'30'' du leader, l'Anglais Mike Hawthorn (Ferrari). Ce dernier, futur champion du monde 1958 (quatre mois plus tard), remontait sur Fangio.

Au point de ralentir manifestement. À son arrivée victorieuse, Hawthorn expliqua franchement : « On ne prend pas un tour à Fangio. »

Vingt-sept ans plus tard, en 1985, Rose-Marie Prost, transportée par son fils Alain au volant, lui lança : « Ne te prends pas pour Fangio… »

Alain Prost en sourit encore.

FEMMES PILOTES

Ainsi donc, en plus de soixante années, la F1 n'a accueilli que cinq femmes pilotes, toutes dans la force de l'âge. Un tout petit nombre en comparaison de la forte présence des femmes dans les autres catégories du sport auto : endurance, sprint, rallyes, courses de côte, etc.

Cette disproportion ne peut pas être considérée comme une manifestation de machisme mais, très prosaïquement, comme un constat des difficultés physiologiques des femmes à s'insérer dans les créneaux des performances des monoplaces conduites par les hommes.

Voici quelques années, Marie-Claude Beaumont, grande figure des épreuves d'endurance les plus réputées (Spa-Francorchamps, Le Mans, etc.), expliquait : « Les limites d'une femme résident surtout dans sa moindre force physique et sa féminité. Il n'y a aucune chance pour que je postule jamais à un volant sur une monoplace de Grand Prix. »

C'est une explication simple, directe et sincère. Les cinq femmes qui sont apparues en F1 entre 1958 et 1992 s'étaient, également, rodées auparavant en endurance, en GT, en Formule 3000, en Coupe Porsche, etc.

Elles avaient toutes l'espoir d'obtenir des résultats conformes à leurs ambitions. Bref, autant les femmes peuvent-elles se distinguer dans toutes les catégories du sport auto, autant celles qui ont abordé la F1 ont-elles découvert la face ingrate du même sport auto…

Une fois ce constat établi, il n'en demeure pas moins que cinq femmes (seulement) ont disputé 29 GP (entre 1958 et 1992). Voici les histoires de ces cinq pionnières, en quête d'une succession.

1. L'Italienne Maria Teresa de Filippis a pris le départ de trois GP (en 1958-1959) sur Maserati et Behra-Porsche. Sans marquer un seul point. Son plus beau souvenir : « Avoir débuté dans le GP de Monaco. J'en frissonne de joie encore. »

Elle a abandonné la compétition après la mort de Jean Behra sur le circuit de l'Avus, à Berlin, le 1er août 1959. Aujourd'hui, elle tient un rôle important dans le fonctionnement du club des anciens pilotes de GP.

2. L'Italienne Lella Lombardi courut une douzaine de GP (en 1974, 1975, 1976) sur Brabham, March et Williams-Cosworth. Son meilleur souvenir : avoir marqué 0,5 point le 27 avril 1975 dans le GP d'Espagne, à Jarama sur March. La course avait été émaillée d'incidents.

À ce jour, elle reste la seule à avoir réussi cette performance comptable.

3. L'Anglaise Divina Galica participa à trois GP (en 1976-1978) sur Surtees et Hesketh sans obtenir de résultat significatif. Elle venait du ski de haute compétition (jeux Olympiques de 1964 à Innsbruck et 1968 à Grenoble). Elle y retourna ensuite lors des jeux Olympiques d'Albertville en 1992.

4. La Sud-Africaine Desire Wilson se limite à un seul GP (en 1979) à Brands Hatch sur Williams. Elle ne récolta aucun point.

5. Enfin, l'Italienne Giovanna Amati courut trois GP (en 1992) sur une Brabham-Judd. Sans réussir à entrer dans les points. Depuis sa dernière course, le 5 avril 1992 à São Paulo, sur le difficile tracé d'Interlagos, la F1 est en pénurie d'une femme pilote.

De gros espoirs avaient été mis, ces récentes années, en l'Américaine Danica Patrick. Puis dans une autre Américaine, Sarah Fisher. En vain…

En conclusion, la voie de la relève féminine, ouverte depuis le premier dimanche d'avril 1992, attend, par exemple, une Susie

Stoddart, une Katherine Legge et, surtout, la jeune et prometteuse Suissesse Natacha Gachnang…

FERRARI Enzo (Italie)

Né le 18 février 1898 et décédé le 14 août 1988. Le 7 août 1988, Michele Alboreto (Ferrari, n° 27) ne rallie pas l'arrivée du GP de Hongrie, dans l'étuve de l'Hungaroring. Il partage sa déception, de loin, avec Enzo Ferrari (90 ans depuis le 18 février 1988). Mais, ce même jour, Alboreto (32 ans) est devenu le recordman des pilotes italiens sur une Ferrari (avec 74 GP contre 73 à Clay Regazzoni). Retour en arrière.

Le 11 mai 1947, l'Italie découvre, à Piacenza, l'Italien Franco Cortese dans le cockpit d'une Ferrari 125 sport. C'est un événement. Certes, avant la guerre 1939-45, Enzo Ferrari s'était lancé dans la compétition. En 1914, il conduisait (déjà) des Alfa Romeo avant d'en diriger l'écurie. Ce n'était que le prélude à une grande aventure sportive, technique et industrielle.

La première Ferrari de F1 naquit dans le GP d'Italie 1948 à Turin. Enzo Ferrari mène une double aventure, la construction de voitures de tourisme et la compétition. Celle-ci est bientôt majoritairement concentrée autour de la F1.

En réalité, la F1 devient l'axe de communication et de politique d'Enzo Ferrari. Rarement, pour s'en tenir à la F1, une machine de course s'est-elle identifiée aussi étroitement à un homme (et inversement).

D'emblée, cet Italien flamboyant, aussi séduit par la course que par la renommée médiatique qu'elle procure, s'oppose, culturellement et techniquement, aux « assembleurs » anglais : il se vante de produire l'intégralité de ses voitures (châssis, carrosserie, moteur) dans ses ateliers de Modène et de Maranello. Enzo devient aussi important, au plan de la stratégie sportive, que Ferrari. C'est son rêve.

L'homme Ferrari a un comportement de seigneur : il est grand, magnifique, majestueux, affable, etc. Le séducteur latin dans toute sa splendeur. D'ailleurs, il aime autant les jolies femmes que les voitures bien carrossées et puissantes. Mais il abrite aussi un Ferrari opiniâtre, calculateur, machiavélique, etc. Plus Florentin que lui…

Enzo Ferrari a la F1 dans la peau à un degré extrême. Il allie la passion incandescente pour la course et une… mauvaise foi provocante. Mais il suit ses pilotes et ses ingénieurs avec une assiduité exemplaire. Enfin, si l'on veut…

Peu attiré par les déplacements, Enzo Ferrari délègue ses responsabilités sur les circuits à ses ingénieurs. « Nous passions parfois plus de temps au téléphone avec lui qu'avec nos pilotes », a confié, un jour, un éminent technicien, sous le sceau du secret.

Au sein de la Scuderia, sur les circuits de GP, ils sont plusieurs – issus de spécialités complémentaires et voisines – à devoir rendre compte à Enzo Ferrari. Le Commendatore exige absolument une grosse masse d'informations pour se créer son propre raisonnement.

Dans ses mémoires, Niki Lauda, double champion du monde Ferrari (1975, 1977), s'amuse à dévoiler tous les stratagèmes d'approche d'Enzo Ferrari et, en retour, à expliquer comment Mauro Forghieri, ingénieur d'élite s'il en est, donnait à Ferrari des temps (souvent) meilleurs que ceux effectivement réalisés sur la piste. En ce temps-là, il n'y avait pas de moyen de communication plus rapide que le téléphone…

Du coup, d'un jour sur l'autre, les pilotes devaient se surpasser pour… approcher ou égaler les temps fabuleux de la veille. Le verdict du GP remettait souvent les choses dans un ordre qui déclenchait colère et désenchantement chez Enzo Ferrari.

Mais, simultanément, Enzo Ferrari entretenait sa légende de « découvreur de talents ». Notamment avec Niki Lauda, Gilles Villeneuve ou Didier Pironi qui le captivèrent d'emblée. L'objectif d'Enzo Ferrari était d'inviter ces « jeunes gens » à Fiorano, dans sa petite maison privée, pour leur parler en tête-à-tête et les attirer sur ses monoplaces rouges.

Cet homme qui aimait la F1 au-delà de toute mesure ne venait jamais sur un GP. L'ambiance ne lui convenait pas. Mais, avec un certain souci du théâtre, il choisissait ses apparitions dans les essais (les privés, surtout).

Il aimait créer un effet de surprise. Il surgissait paisiblement, seul ou avec un collaborateur, à une entrée du paddock. Il aimait miser sur l'étonnement. Il s'installait, en priorité, dans le stand Ferrari. Où il pouvait bavarder avec les uns et les autres. Cette démarche débonnaire lui appartenait.

Au fond, Enzo Ferrari interprétait au mieux Enzo Ferrari. C'était un régal de vie. Plus comédien que lui…

Le jeudi 11 août 1988, Enzo Ferrari reçoit l'extrême-onction, dans son domicile de Modène. L'information circule déjà en ville, en Italie et dans le reste du monde.

Enzo Ferrari s'éteint le dimanche 14 août. Le Commendatore est inhumé le lundi 15 août, à une heure très matinale, dans le plus grand secret. Ce rituel de haute confidence était souhaité par Enzo, dans la droite ligne de son existence à deux faces.

D'un côté, un génial constructeur. De l'autre, un Italien complexe.

Et, en définitive, une écurie immortelle. À son image.

FERRARI (RECORDS)

Le 30 mai 2010, sur l'Istanbul Park, lors du GP de Turquie, la Scuderia Ferrari a disputé son 800e GP depuis 1950, année de la création de la F1. Ce beau record aurait pu être battu dès le GP de Monaco le 16 mai 2010, soit une semaine plus tôt si, en son temps, Enzo Ferrari ne s'était pas drapé dans une solennelle attitude de refus de participation au (tout) premier GP de l'histoire de la F1, le 13 mai 1950 à Silverstone.

En fait, Enzo Ferrari, habitué (déjà) à être adulé par les organisateurs, n'avait pas obtenu la prime de départ qu'il estimait en juste reconnaissance du renom (naissant) de ses machines (déjà) rouges.

Ce n'était qu'une péripétie (secondaire) en regard de la fabuleuse histoire que s'apprêtaient à écrire les monoplaces rouges conçues et fabriquées à Maranello depuis 1947.

En 1949, soit un an avant la naissance officielle du championnat du monde de F1, les Italiens Alberto Ascari et Luigi Villoresi avaient signé le premier doublé Ferrari à Berne dans le GP de Suisse.

Bref, entre le succès pré-championnat du monde de ce 3 juillet 1949 et l'absence de ses machines à Silverstone le 13 mai 1950, Enzo Ferrari agitait le (petit) monde naissant de la F1.

Les réminiscences d'antan, illustrées par des documents d'époque, flottaient sur les bords du Bosphore dans la soirée du 28 mai 2010 comme autant de retours sur des étapes d'histoire.

Il s'agissait de procéder par différentes étapes centenaires. Huit au maximum. Autant d'échéances réunissant la gloire, le souvenir et l'émotion. Pour mémoire, la première victoire de Ferrari se laissa attendre (et désirer) jusqu'au 14 juillet 1951, à Silverstone. Un Argentin – qui n'était pas Fangio ! – l'avait emporté : il s'appelait José Froilan Gonzalez et l'image de sa silhouette trapue surgissant sur le bord du Bosphore était impressionnante.

Dans le décompte des GP de la Scuderia, le 100ᵉ GP de Ferrari remontait au 4 août 1963 (Allemagne, avec la victoire de John Surtees), le 200ᵉ au 11 février 1973 (Brésil), le 300ᵉ au 26 août 1979 (Hollande avec Jody Scheckter sur le podium comme 2ᵉ), le 400ᵉ au 22 juin 1986 aux États-Unis (Detroit), le 500ᵉ au 16 août 1992 (Hongrie), le 600ᵉ au 30 août 1998 (Belgique) avec le doublé Michael Schumacher-Barrichello.

Autre repère historique Ferrari : les échéances des victoires. N° 1 : 14 juillet 1951 à Silverstone, José Froilan Gonzalez. N° 50 : 8 avril 1974 à Madrid, Niki Lauda. N° 100 : 8 juillet 1999, Alain Prost, Le Castellet. N° 150 : 9 juin 2002, Michael Schumacher, Montréal. N° 200 : 7 octobre 2007, Kimi Räikkönen, Shanghai. N° 211 : 14 mars 2010, doublé Alonso-Massa, Bahreïn.

Fin 2010, Ferrari possède le record des participations avec 812 GP devant Williams, 684 et McLaren, 553.

Quant aux victoires, toujours fin 2010, Ferrari en totalise 215, loin devant McLaren et ses 168 succès...

FERRARI (VICTOIRES DU VIVANT D'ENZO)

93 victoires entre le 14 juillet 1951 à Silverstone (José Froilan Gonzalez) et le 15 novembre 1987 à Adélaïde (Gerhard Berger).

TITRES MONDIAUX PILOTES : 1952, 1953 : Alberto Ascari.

1956 : Juan Manuel Fangio.

1958 : Mike Hawthorn.

1961 : Phil Hill.

1964 : John Surtees.

1975-1977 : Niki Lauda.

1979 : Jody Scheckter.

TITRES MONDIAUX CONSTRUCTEURS : 1961 : Phil Hill, Richie Ginther, Wolfgang Von Trips, Giancarlo Baghetti, Willy Mairesse.

1964 : John Surtees, Lorenzo Bandini.

1975 : Niki Lauda, Clay Regazzoni.

1976 : Niki Lauda, Clay Regazzoni, Carlos Reutemann.

1977 : Niki Lauda, Carlos Reutemann, Gilles Villeneuve.

1979 : Jody Scheckter, Gilles Villeneuve.

1982 : Gilles Villeneuve, Didier Pironi, Patrick Tambay, Mario Andretti.

1983 : René Arnoux, Patrick Tambay.

FIDÉLITÉ

Mercenaires ou pas, les liaisons les plus longues de la F1 moderne sont, fréquemment, couronnées de succès. La référence absolue en la matière appartient à Michael Schumacher avec Ferrari : il a disputé 181 GP dans la Scuderia entre 1996 et 2006.

Sa première course pour Ferrari remonte au 10 mars 1996 à Melbourne (Australie) et sa dernière au 22 octobre 2006 à São Paulo (Brésil).

Pour information, Michael Schumacher a été victime d'un accident (fracture de la jambe), le 11 juillet 1999 à Silverstone (Angleterre) et il a manqué cinq GP consécutifs (Autriche, Allemagne, Hongrie, Belgique, Italie). Avant son accident, il avait gagné à deux reprises (Saint-Marin, Monaco).

En définitive, Michael Schumacher aurait donc pu courir 186 courses chez Ferrari.

Les principaux autres contrats fidélité sont les suivants :

– David Coulthard : 150 GP chez McLaren entre 1996-2004.

– Mika Häkkinen : 133 GP chez McLaren entre 1993-2001.

– Jacques Laffite : 133 GP chez Ligier entre 1976-1982 et 1985-1986.

– Alain Prost : 109 GP chez McLaren en 1980 puis entre 1984-1989.

– Nelson Piquet : 108 GP chez Brabham en 1978 (une course) et entre 1979-1985.

FITTIPALDI Emerson (Brésil)

Né le 12 décembre 1946. En 1972, Emerson Fittipaldi (26 ans) aborde sa deuxième saison avec un tel brio (6 victoires en 9 GP) qu'il éclipse Jackie Stewart, le tenant du titre. Fittipaldi qui réside sur les bords du lac Léman, à quelques kilomètres de Stewart, en est le parfait contraire. Par instinct, il a choisi plutôt Lotus que Williams. Pour la beauté du coup.

À la veille du GP d'Italie, le 10 septembre à Monza, Fittipaldi sait qu'un septième succès lui suffit pour devenir le premier Brésilien champion du monde. En 1972, Nelson Piquet a 20 ans et Ayrton Senna 10 ans. Le jeudi 7 septembre, à l'Hôtel de la Ville,

Fittipaldi apprend que le camion qui transporte sa machine a été accidenté entre Turin et Milan.

Résigné à utiliser le mulet, Fittipaldi renonce à son rêve mondial immédiat. Cette Lotus de réserve ne vaut pas l'originale. Fittipaldi n'est que sixième sur la grille de départ. Sur des ennuis techniques ultimes, il a d'ailleurs failli manquer le départ. Les Italiens ne jurent que par la Ferrari de Jacky Ickx.

Mais le ciel de la Lombardie est brésilien : Ickx abandonne alors que Fittipaldi a émergé du peloton avec brio, mais rongé par la crainte de ne pas avoir assez d'essence pour rallier l'arrivée. La panne d'essence l'épargne. Son affaire mondiale est réglée. Les Italiens pleurent. Chez Lotus aussi, mais de joie. Fittipaldi doit consoler ses parents en larmes.

Une fois le rituel d'après-course (bien) terminé, Fittipaldi regagne, par la route, sa résidence de Lonay, peu après minuit. Son premier souci est d'enfouir son téléphone sous une montagne de coussins. Pour récupérer à fond. En fait, Fittipaldi vit dans la spontanéité. Il avait gagné son premier GP le 4 octobre 1970 à Watkins Glen, après trois courses seulement (Angleterre, Allemagne, Autriche). Ce soir-là, Colin Chapman l'avait félicité publiquement d'avoir choisi Lotus plutôt que Williams.

Dès son entrée en F1, il ne restait plus à ce Brésilien typique – épaisse chevelure et longs favoris – qu'à confirmer son talent. Sur la lancée de son titre mondial, il passe, en 1974, chez McLaren-Ford. Avec la mission d'affronter, pour un deuxième titre, un redoutable trio, Niki Lauda et Clay Regazzoni (Ferrari), Jody Scheckter (Tyrrell).

Fittipaldi ne conduit pas la meilleure monoplace. Mais il est le plus habile : l'instinctif de 1972 se découvre maître tacticien. Sa suprématie est moins éclatante qu'en 1972 mais il pèse opportunément sur les événements. En final, à Watkins Glen, il affronte Regazzoni et Scheckter, les deux bagarreurs de la grille.

Dès lors que la victoire ne lui est pas indispensable, Fittipaldi adapte sa course à ses objectifs et aux circonstances. Sa quarantaine de courses depuis 1970 qui lui donne l'avantage (fragile) de l'expérience sur ses adversaires, il l'exploite à fond en jouant l'opportunité et l'attente. Il n'a même pas besoin du podium pour devancer Regazzoni (qui a abandonné) de 3 points et doubler sa carte de visite mondiale.

À 28 ans, ce Brésilien jovial et attachant est au sommet de son art. Mais la tête lui tourne. Il cède à la tentation (insensée) de monter son écurie (Copersucar) avec son frère Wilson. Cette aventure tourne au désastre.

En définitive, Emerson Fittipaldi possédait tous les atouts pour devenir le premier Brésilien triple, sinon quadruple champion du monde. Il avait aussi un frère aîné...

G

GLOIRES DU SPORT

Le 29 novembre 2010, en entrant dans les Gloires du sport, à la Maison du sport français, Alain Prost, quadruple champion du monde de F1 (1985, 1986, 1989, 1993), recevait l'hommage (mérité) dû aux meilleurs Français dans toutes les disciplines.

En la circonstance, Prost était le quatrième pilote de F1 distingué. Voici ses trois prédécesseurs :

– Jean-Pierre Wimille : admis en 1996, Wimille (1908-1949) fut le premier de la F1 à figurer à ce prestigieux palmarès. Vedette de l'écurie Bugatti, il courut entre 1930 et 1949. Il périt à Buenos Aires en 1949.

– Émile Levassor : admis en 1997, Levassor (1843-1897) avait notamment gagné en 1895 la première course automobile française Paris-Bordeaux-Paris en 47 heures et 47 minutes.

– Jean Behra : admis en 2002, Behra (1921-1959) disputa 52 GP de F1 à partir de 1951 (Gordini, Maserati, BRM, Ferrari) et trouva une mort tragique à Berlin en 1959.

Ce 29 novembre 2010, en quittant le CNOSF, là où il vient d'être distingué, Alain Prost, souriant, remercie Thérèse Salvador, la présidente de la Fédération des Internationaux du sport français : « C'est grâce à vous que je dois d'avoir découvert le CNOSF… »

Une lacune historique est (doublement) comblée.

GPDA

Sous ce vocable anglais, Grand Prix Drivers Association (Association de pilotes de GP), se dissimule l'ébauche d'une association corporative à vocation d'unification des professionnels d'un même secteur.

Cette GPDA n'existe, en vérité, que comme l'ébauche d'une union syndicale en quête d'une reconnaissance tolérée par les instances sportives (FIA) ou professionnelles (FOM).

Depuis près de vingt ans, les pilotes s'efforcent, en sincérité partagée (?), de resserrer leurs rangs pour tenter de faire aboutir leurs requêtes spécifiques.

La situation est complexe. Si la GPDA existe, en tant que telle, son importance stratégique et politique reste, elle, à démontrer.

Rien ne trouble plus les institutions (FIA, FOM) que (de) devoir négocier un sujet précis – les primes, les impératifs de sécurité passive, etc. – avec des représentants mandatés par les pilotes. Cet exemple n'est pas caricatural.

L'organisation strictement professionnelle de la F1 dépend de la FIA et de la FOM, sans négocier les mécanismes corporatifs et sectoriels des nations représentées en F1. Comme par exemple, en France, la Fédération de la métallurgie.

Pour en revenir aux pilotes, ils sont généralement liés à leurs écuries par des contrats négociés de gré à gré avec des clauses spécifiques comme les primes de qualification, les primes de départ (et, en corollaire, d'arrivée), les primes aux points dans les classements pilotes et constructeurs, etc.

Quant à la présidence de la GPDA, elle est tournante. Le profil du président se doit d'être politiquement correct, vis-à-vis des institutions. Quelques mois après son élection en successeur de l'Espagnol Pedro de la Rosa, l'Allemand Nick Heidfeld (34 ans le 10 mai 2011, 170 GP depuis le 26 mars 2000 à São Paulo) était engagé par Lotus-Renault en intérimaire de l'infortuné Robert Kubica.

Avant Pedro de la Rosa et Nick Heidfeld, les deux derniers présidents de la GPDA avaient été le Brésilien Rubens Barrichello et l'Australien Mark Webber.

Retour en arrière. Le week-end du 23 janvier 1982, jour du GP d'Afrique du Sud, s'ouvrit par la première (et unique) grève des pilotes en réaction à un projet de la FIA d'augmenter la cotisation de la super-licence. Pendant trente-six heures, entre le circuit de Kyalami et Johannesburg, les pilotes alimentèrent le conflit en prenant la course du 23 janvier 1982 en otage.

Les discussions FIA-FOM-GPDA, ici et là, furent tendues, véhémentes et sans lendemain. Le front des pilotes se lézarda quand Didier Pironi, l'un des meneurs du mouvement, évoqua le ralliement des pilotes à la structure IMG de Mark H. McCormack...

GP DE FRANCE

Depuis son inscription au calendrier, en 1950, le GP de France s'est disputé sur sept circuits différents. C'est un record du monde. Voici la synthèse de ces 58 GP de France, qui appartiennent au patrimoine sportif national.

1950, Reims-Gueux : première victoire en France de Juan Manuel Fangio (Alfa Romeo). Le Français Robert Manzon (Simca-Gordini) se classe quatrième.

1951, Reims : doublé Fangio-Nino Farina (Alfa Romeo).

1952, Rouen-les-Essarts : Ascari-Farina, doublé Ferrari. Robert Manzon (Gordini), quatrième, précède Maurice Trintignant (Gordini).

1953, Reims : Ascari-Villoresi, doublé Ferrari. Maurice Trintignant (Gordini) encore cinquième.

1954, Reims : doublé Fangio-Kling (Mercedes). Robert Manzon (Ferrari) est troisième.

1955 : après la catastrophe des 24 Heures du Mans, le GP de France est annulé.

1956, Reims : Collins-Castellotti, doublé Ferrari. Jean Behra (Maserati), troisième et premier Français sur le podium.

1957, Rouen : Fangio (Maserati) devance Musso, Collins, Hawthorn, tous sur Ferrari.

1958, Reims : Hawthorn (Ferrari) devance Moss (Vanwall). Fangio dispute son dernier GP. Musso se tue en course.

1959, Reims : Brooks-Phil Hill, doublé Ferrari. Jean Behra, licencié par Ferrari après la course, se tue le 1er août 1959 sur le circuit de l'Avus, à Berlin.

1960, Reims : Brabham-Gendebien, doublé Cooper-Climax.

1961, Reims : première course et première victoire de Baghetti (Ferrari).

1962, Rouen : l'Américain Dan Gurney (Porsche) décroche son premier succès.

1963, Reims : Jim Clark (Lotus-Climax) obtient sa première victoire dans le GP de France.

1964, Rouen : Dan Gurney (Brabham-Climax) remporte son deuxième GP de France.

1965, Clermont-Ferrand-Charade : sur ce tracé montagneux, l'Écossais Jim Clark (Lotus-Climax) devance l'Écossais Jackie Stewart (BRM).

1966, Reims : Jack Brabham (Brabham-Repco) l'emporte. Pour sa première saison, Guy Ligier finit huitième sur une Cooper-Maserati.

1967, Le Mans : sur le tout nouveau circuit Bugatti, deux semaines après les 24 Heures du Mans, Brabham et Dennis Hulme réalisent un doublé Brabham-Repco.

1968, Rouen : la mort tragique de Jo Schlesser, en début de course, accable pilotes et spectateurs : Jacky Ickx (Ferrari) gagne en vrai professionnel, en surmontant les circonstances.

1969, Charade : doublé Jackie Stewart-Jean-Pierre Beltoise sur Matra-Ford. C'est une performance de premier ordre.

1970, Charade : Jochen Rindt (Lotus-Ford) survole le lot. Henri Pescarolo se classe cinquième sur une Matra.

1971, Paul-Ricard : dans le cadre enchanteur du Castellet, Jackie Stewart emmène François Cevert dans son sillage pour un grand doublé Tyrrell-Ford-Elf.

1972, Charade : démonstration de Jackie Stewart (Tyrrell-Ford-Elf) et François Cevert quatrième. Bons débuts de Patrick Depailler dans l'écurie Tyrrell-Ford-Elf.

1973, Paul-Ricard : Ronnie Peterson (Lotus-Ford) devance François Cevert (Tyrrell-Ford-Elf). Beltoise (BRM) est cinquième.

1974, Dijon-Prenois : Ronnie Peterson (Lotus-Ford) enlève son deuxième GP de France, le premier disputé en Bourgogne.

1975, Paul-Ricard : Niki Lauda (Ferrari) est étincelant. Depailler (Tyrrell-Ford-Elf) est sixième.

1976, Paul-Ricard : James Hunt (McLaren), futur champion du monde, devance Depailler, brillant deuxième sur Tyrrell-Ford-Elf, de justesse.

1977, Dijon-Prenois : Mario Andretti (Lotus-Ford) est le deuxième Américain (après Gurney) au palmarès du GP de France.

1978, Paul-Ricard : Andretti récidive avec brio pour un doublé Lotus-Ford avec Peterson.

1979, Dijon-Prenois : c'est le jour de gloire de Renault. Jabouille s'impose avec brio. Arnoux se classe troisième. Et Jean-Pierre Jarier (Tyrrell-Ford-Elf) est cinquième.

1980, Paul-Ricard : Alan Jones (Williams-Ford) devance Didier Pironi et Jacques Laffite, le duo Ligier-Ford. Arnoux (Renault) est cinquième.

1981, Dijon-Prenois : Alain Prost (Renault) signe sa première victoire. Un champion est né. Arnoux (Renault) et Pironi (Ferrari) sont quatrième et cinquième.

1982, Paul-Ricard : Arnoux et Prost signent le doublé de la discorde, devant Pironi et Tambay, le duo (récent) de Ferrari.

1983, Paul-Ricard : Alain Prost, toujours chez Renault, l'emporte. Tambay (Ferrari) est quatrième et Laffite (Williams) sixième.

1984, Dijon-Prenois : Niki Lauda (McLaren) est intouchable. Tambay (Renault) est deuxième et Arnoux (Ferrari) quatrième.

1985, Paul-Ricard : Piquet (Brabham) triomphe, Prost (McLaren) est troisième et Tambay (Renault) sixième.

1986, Paul-Ricard : Mansell (Williams) devance Prost (McLaren). Arnoux et Laffite, le tandem de Ligier-Renault, sont cinquième et sixième.

1987, Paul-Ricard : Mansell récidive. Prost est troisième et Philippe Streiff (Tyrrell-Ford-Elf) finit sixième.

1988, Paul-Ricard : Prost et Senna apportent un grand doublé à McLaren-Honda.

1989, Paul-Ricard : Prost, qui a démissionné de McLaren deux jours plus tôt, triomphe. Alesi, quatrième, réussit des débuts éclatants. Grouillard (Ligier-Ford) est sixième.

1990, Paul-Ricard : Alain Prost s'impose encore, mais chez Ferrari.

1991, Nevers-Magny-Cours : Mansell (Williams-Renault) ouvre le palmarès de Magny-Cours, devant Prost, deuxième sur Ferrari. Alesi (Ferrari) est quatrième.

1992, Magny-Cours : Mansell est au-dessus du lot. Erik Comas (Ligier-Renault) est cinquième.

1993, Magny-Cours : Prost emmène Damon Hill, son équipier, à un doublé Williams-Renault.

1994, Magny-Cours : Michael Schumacher (Benetton-Ford) s'inscrit au palmarès aux dépens de Damon Hill.

1995, Magny-Cours : Michael Schumacher, devenu Benetton-Renault, se succède aisément à lui-même.

1996, Magny-Cours : Damon Hill-Jacques Villeneuve réussissent un doublé Williams-Renault, devant Alesi (Benetton-Renault).

1997, Magny-Cours : Michael Schumacher (Ferrari) domine Frentzen. Alesi, toujours Benetton-Renault, est cinquième.

1998, Magny-Cours : Michael Schumacher se succède à lui-même, sans aucun souci.

1999, Magny-Cours : l'Allemand Heinz-Harald Frentzen (Jordan-Mugen) ne laisse à personne la soin de l'emporter.

2000, Magny-Cours : l'Écossais David Coulthard, parti en première ligne aux côtés de Michael Schumacher, finit devant tout le monde à l'arrivée.

2001, Magny-Cours : en ce GP de France, un Schumacher (Michael) en cache un autre (Ralf) à l'arrivée. C'est tout.

2002, Magny-Cours : Michael Schumacher se succède à lui-même, comme il l'avait déjà réussi en 1997-1998.

2003, Magny-Cours : encore un Schumacher sur le haut du podium : Ralf devance Montoya et son frère Michael. Olivier Panis est huitième.

2004, Magny-Cours : cette fois, Michael Schumacher ne se laisse pas surprendre…

2005, Magny-Cours : Fernando Alonso comble Renault de bonheur avec une victoire convaincante et significative.

2006, Magny-Cours : Michael Schumacher réapparaît au palmarès, non sans peine, devant Alonso et Massa.

2007, Magny-Cours : Kimi Räikkönen, en route vers le titre mondial, mate Massa et Hamilton.

2008, Magny-Cours : Felipe Massa rend à Räikkönen la monnaie de sa pièce. Nelson Piquet Jr et Alonso amènent leurs Renault à l'arrivée en septième et huitième positions…

La répartition géographique et calendaire des 58 GP de France s'établit ainsi :

Reims : 1950, 1951, 1953, 1954, 1956, 1958, 1959, 1960, 1961, 1963, 1966 = 11 GP.

Rouen-les-Essarts : 1952, 1957, 1962, 1964, 1968 = 5 GP.

Clermont-Ferrand-Charade : 1965, 1967, 1970, 1972 = 4 GP.

Le Mans : 1967 = 1 GP.

Paul-Ricard : 1971, 1973, 1975, 1976, 1978, 1980, 1982, 1983, 1985, 1986, 1987, 1988, 1989, 1990 = 14 GP.

Dijon-Prenois : 1974, 1977, 1979, 1981, 1984 = 5 GP.

Magny-Cours : 1991, 1992, 1993, 1994, 1995, 1996, 1997, 1998, 1999, 2000, 2001, 2002, 2003, 2004, 2005, 2006, 2007, 2008 = 18 GP.

À quand le 59ᵉ GP de France ?...

Le premier trimestre 2011 n'était pas terminé que le sport automobile français s'enrichissait d'une nouvelle entité.

En effet, par souci d'efficacité en face des instances administratives, les six principaux circuits français (Magny-Cours, Le Castellet, Le Mans, Dijon-Prenois, Nogaro, Val de Vienne) se sont regroupés au sein de l'Association des grands circuits de France. Quatre d'entre eux ont accueilli le GP de France (Magny-Cours, Le Castellet, Le Mans, Dijon-Prenois). Les deux derniers ne postulent pas au GP de France.

Une évidence se dessine : cette association peut accélérer la modernisation du sport automobile français, si mal considéré en France.

GRID GIRL

Grid Girl. La traduction s'effectue d'elle-même : une « fille de grille » n'existe jamais, dans le cadre d'un GP, qu'à un certain nombre d'exemplaires (24 au moins), puisqu'il s'agit de jeunes femmes, naturellement élégantes, sélectionnées, GP après GP, pour brandir le numéro de chaque partant, sur la piste même dans les ultimes minutes avant le départ.

Ces jeunes femmes, en général des ressortissantes des nations qui accueillent le GP, sont sélectionnées par Alex Molina, un expert du Paddock Club. On leur impose au moins une répétition grandeur nature, la veille de la course, sur le terrain de leur future démonstration du lendemain.

En règle générale, ces jeunes femmes correspondent aux critères des mannequins. Elles illustrent le rituel de chaque GP en respectant l'esprit national de la manifestation.

Leur tenue vestimentaire (une robe plus souvent qu'un pantalon) est censée transmettre le message du sponsor du GP. À cet égard, les Santander GP, qui fleurissent à travers le calendrier du championnat, présentent le dénominateur commun des jeunes femmes portant des robes vaporeuses rouges, qui s'envolent à chaque (légère) bourrasque en dévoilant des silhouettes fines en chaussures noires à hauts talons.

La banque espagnole Santander, partenaire de Ferrari et d'une demi-douzaine de GP (au moins), expose ainsi son image à travers un événement de retentissement universel. Les retombées médiatiques sont soigneusement recueillies, quantifiées et analysées par les experts marketing de Santander. Le concept de notoriété spontanée y puise toute sa signification.

Il en va évidemment de même pour la majorité des (autres) partenaires de la F1, à travers un ou plusieurs GP.

Deux anecdotes pittoresques émaillent l'histoire des Grid Girls. Le 7 mars 2004, à Melbourne, le jeune pilote italien Giancarlo Bruni (Minardi), qualifié en dernière ligne, noue dans les instants ultimes avant le départ une… romance avec sa jeune Grid Girl, Atisa de Kaiser, une jolie Néerlandaise, fille d'un diplomate en poste en Australie.

Dès le GP suivant, le 21 mars à Kuala Lumpur (Malaisie), Atisa de Kaiser a changé de statut : elle est la compagne attitrée du séducteur italien. Et ce pendant une dizaine de courses…

Le 29 mai 2005, au Nürburgring, dans le GP d'Europe l'Allemand Nick Heidfeld (Williams-BMW), en pole position, pour la première fois de sa carrière, se croit victime d'une hallucination. En effet, les Grid Girls de la première ligne (Heidfeld-Alonso) sont jumelles. Heidfeld et Alonso éclatent de rire. Les jumelles allemandes aussi…

GURDJIAN Philippe (France)

Le jeudi 7 juin 1990, à Mirabel, l'aéroport (lointain) de Montréal, deux passagers du vol Air France de milieu de journée récupèrent leurs sacs de voyage sans se parler ni se connaître tout en sachant, l'un comme l'autre, qui ils sont. À leur sortie du terminal, tous deux sont invités à s'asseoir à l'arrière d'une gigantesque berline américaine. Ils ne se parlent pas encore.

Un ami commun leur a suggéré de s'installer dans cette berline en direction du Méridien, au cœur de Montréal. En quelques minutes, ce troisième homme les a présentés l'un à l'autre, en n'ignorant pas qu'ils savaient désormais à quoi s'en tenir sur l'objet de cette rencontre programmée.

Le premier, c'est Jean Glavany, conseiller du président de la République François Mitterrand, qui a pris une grosse part dans la construction du circuit de Magny-Cours. L'autre, c'est Philippe Gurdjian, proche de Valéry Giscard d'Estaing, l'ancien président de la République et organisateur du GP de France sur le Paul-Ricard. Leur ami commun leur a lancé : « Et maintenant, tâchez de vous parler… »

Dans cette France de 1990, qui aimait la F1 et les sports mécaniques, l'hypothèse (réalisée) d'une rencontre entre deux Grands, Glavany et Gurdjian, suffisait pour mettre le GP de France sur les rails d'un nouveau circuit de premier plan (Magny-Cours) en alternance programmée avec le Paul-Ricard. Il suffisait d'un président de la République (Mitterrand) entreprenant, d'un double président de la FFSA et de la FIA (Jean-Marie Balestre) non moins entreprenant, d'un dignitaire politique de gauche (Glavany) avisé, et d'un organisateur d'élite (Gurdjian) affiché à droite, pour que la France démontre sa capacité fédératrice sur un grand projet d'intérêt national (Magny-Cours GP de France) et sa faculté de réactivité à la face du sport international. Cette époque-là est révolue…

Toujours est-il qu'en passant du Paul-Ricard à Magny-Cours, Philippe Gurdjian continuait à expérimenter son savoir-faire et, également, son faire savoir. Gurdjian, pilote d'endurance réputé, avait disputé les 24 Heures du Mans de 1967 à 1974. Il s'était rodé, avec Jean-Luc Lagardère, chez Matra dans de grandes opérations de communication, puis à la tête de l'Agence Gemap, enfin avec Jean-Marie Balestre dans un registre institutionnel.

Sa véritable dimension d'organisateur promoteur, Philippe Gurdjian la prouve dans une brillante série de GP de France sur les sites du Paul-Ricard et de Magny-Cours entre 1985 et 1997. Il peut se prévaloir d'être l'homme aux treize GP de France (avec, en prime, deux distinctions de la meilleure organisation données par la redoutable Formula One Association).

Ce genre de record ne tient pas compte de la transformation ultérieure du circuit Paul-Ricard en Ricard HTTT, un circuit ultramoderne, voire « futuriste », muni des installations les plus fonctionnelles. Mais le Ricard HTTT est désormais affecté à des manifestations privées ou à de activités sportives sporadiques.

Outre le Paul-Ricard et le Magny-Cours, les deux seuls pôles français qui ont accueilli des machines de F1 depuis 1985, Gurdjian est fréquemment intervenu dans la conception événementielle de plusieurs circuits modernes, à Barcelone d'abord (à partir de 1990), et tant en Malaisie depuis 1998 (à Sepang) qu'à Bahreïn en 2004 puis à Abu Dhabi (en 2007). En tant qu'organisateur, il a amplement participé à l'expansion de la F1 dans ces différents pays.

H

HÄKKINEN Mika (Finlande)

Né le 28 septembre 1968. Le samedi 25 septembre 1993, à Estoril, le jour n'est pas franchement levé quand Mika Häkkinen, le nouvel équipier d'Ayrton Senna, se présente, en combinaison rouge et blanc, au motor-home McLaren-Ford. Deux heures avant les qualifications, Häkkinen était déjà dans son environnement.

La veille, Alain Prost avait annoncé son retrait après treize ans de compétition. Nul ne prêtait attention à cet Häkkinen, en provenance de Lotus (avec 32 GP depuis 1991), qui prenait la suite de Michael Andretti, écarté après treize GP chez McLaren, dont un podium à Monza le 12 septembre 1993. Ron Dennis avait repéré cet espoir venu du froid. Il avait vu juste : dès ses premières qualifications, Häkkinen, 1'12''443, devance Senna, 1'12''491. Le Brésilien n'est pas content. Tous deux abandonneront le lendemain.

Une fois lancé sur l'orbite McLaren-Ford devenue McLaren-Peugeot (en 1994) puis McLaren-Mercedes (en 1995), il suffisait d'attendre l'éclosion de ce pilote méthodique et efficace, peu loquace mais courtois.

Bien intégré dans le système McLaren, Häkkinen tarde à vaincre. Le 10 novembre 1995, à Adélaïde, il heurte un mur protégé par des pneus. Il sombre dans un profond état d'inconscience. Il passe plusieurs semaines dans un établissement d'Adélaïde.

Dès qu'il récupère des sensations, il ne songe qu'à renouer avec la course.

Le 10 mars 1996, il s'aligne au départ du GP d'Australie à Melbourne, qui entame un nouveau cycle (période et circuit). Mais Häkkinen a rallié l'Australie à Adélaïde, le temps d'aller chaleureusement remercier les médecins qui l'avaient si bien soigné quatre mois auparavant.

Pour Häkkinen, les GP s'enchaînent. Pas les succès. Il ne se décourage pas. Pour son infortune, sa deuxième carrière 100 % ascensionnelle démarre par une victoire passée totalement inaperçue, le 26 octobre 1997 à Jerez dans le GP d'Europe. Le monde avait les yeux rivés sur le duel tumultueux Villeneuve-Schumacher, décisif pour le titre. Sur la fin, David Coulthard mène Mika Häkkinen vers un doublé McLaren-Mercedes. Sur un ordre d'écurie, Coulthard s'efface et laisse passer Häkkinen, pour sa première victoire. L'indignation qui entourait Schumacher épargne complètement Häkkinen.

Ce succès offert à Häkkinen, non sans mérite, transforme son bénéficiaire. Dès le prochain GP, le 8 mars 1998 à Melbourne, le doublé Häkkinen-Coulthard doit tout aux pilotes et rien à leur team manager. D'ailleurs, Häkkinen réussit une série triomphale (8 victoires) : le pouvoir qu'on lui a donné à Jerez, il le confisque pour lui. D'abord pour 1998, ensuite pour 1999, les deux fois en apothéose à Suzuka et devant le même ultime adversaire, Michael Schumacher.

Une fois (bien) entré dans l'histoire avec ce doublé, Häkkinen manqua curieusement la passe de trois en 2000 pour une vingtaine de points derrière Michael Schumacher. Sous une allure flegmatique, extrêmement courtoise en dehors du cockpit, Häkkinen cachait une certaine lassitude. Lui qui avait vu la mort de si près, dans un long voyage aux confins de l'au-delà, découvre qu'il n'existait plus pour lui de bonne raison de défier le danger.

HAMILTON Lewis (Grande-Bretagne)

Né le 7 janvier 1985. Il ne s'en est fallu que d'un seul point pour que, le 21 octobre 2007, dans le GP du Brésil à Interlagos, Lewis Hamilton (22 ans) ne ramène l'histoire de la F1 au 3 septembre 1950 à Monza (Italie). Ce 3 septembre 1950, Nino Farina avait remporté le titre mondial dès sa première année de course qui était (aussi) celle de la naissance de la F1.

Mais Räikkönen (110 points) devança Hamilton et Alonso (109). En fait, Hamilton est, ce jour-là, le rescapé d'une énorme série de péripéties. Il a traversé une saison tumultueuse aussi bien en raison de sa cohabitation tendue – le moins que l'on puisse dire – avec Alonso que de l'affaire d'espionnage initiée autour de Nigel Stepney qui se termina (assez) mal pour McLaren-Mercedes.

Au fond, Hamilton était précédé d'une telle réputation (justifiée) de virtuose du kart et du GP2 qu'il ne pouvait pas échapper à une destinée programmée mais contraignante. Il offrait un profil de phénomène et il se devait de l'honorer. Il y a pire pour un jeune pilote…

Ses deux premières victoires, enchaînées à une semaine d'intervalle, à Montréal le 10 juin et Indianapolis le 17 juin 2007, l'installèrent sur une rampe de lancement vers le titre mondial. Du jamais-vu en F1. Hamilton, 58 points, devançait Alonso, 48, et Räikkönen, 32.

Il était, en un éclair, la superstar planétaire de la F1, sans avoir un soupçon d'expérience. L'accélération du « phénomène Hamilton » – une formulation qui lui échappait –, en raison de ses performances, de son look juvénile, de sa couleur de peau, en un mot du personnage qu'il était, le dépassait sans, d'ailleurs, le déstabiliser. En apparence, du moins.

Il mérite cette justice : en qualité de superstar, il n'a jamais abusé de son statut. Mais de là à garantir qu'il n'a jamais énervé son entourage ou ses adversaires, il existe aussi une certaine marge…

En définitive, le titre mondial qu'il a manqué en 2007 et qui aurait ressuscité Nino Farina, il le gagne en 2008 d'un point (98 contre 97 à Felipe Massa). C'était moins une revanche sur 2007 qu'une harmonisation avec lui-même. Dans la chaude ambiance d'Interlagos, ce 2 novembre 2008, Hamilton prend le départ sans avoir entrevu des panneaux racistes (« Button est le seul vrai Anglais de la F1 »). Une énorme responsabilité tombe sur ses épaules.

À une poignée de tours du drapeau à damier, Hamilton est encore englué dans le peloton. Et battu. Dans un long sursaut il gagne un sprint de 400 mètres pour dépasser Glock. Et finir cinquième. Avec un point de plus que Massa, il entre dans l'éternité. Sa vraie carrière a commencé ce jour-là, quand il a failli tout perdre.

Un retour sur 2008 est instructif : Hamilton mène jusqu'au GP du Canada (7 courses), décroche au GP de France (2 courses) et reprend le commandement du GP d'Allemagne (9 courses). Sans le lâcher. Un vrai parcours de champion.

HAWTHORN Mike (Grande-Bretagne)

Né le 10 avril 1929 et décédé le 22 janvier 1959. Sa coquetterie, sinon sa provocation, c'était de s'aligner au départ des GP en chemise blanche et nœud papillon. Après tout, s'il refusait les (premières) combinaisons, c'était son affaire. Au volant, Mike Hawthorn se comportait comme un pilote audacieux et entreprenant. Il ne lui manquait qu'un peu de continuité dans la concentration, comme dans l'approche technique.

À cette époque, à la fin des années 1950, il n'était pas le seul dans le genre. Mais il était tellement à l'aise sur tous les types de circuit qu'on attendait beaucoup de sa part. Il était, en tout cas, de la race des grands.

Son parcours d'écuries était aussi riche que diversifié : Cooper en 1952 pour commencer, puis Ferrari (1953, 1954), Vanwall (pour 2 GP, 1955), Ferrari (1955), Maserati, BRM, Vanwall (les 3 en 1956), Ferrari (1957, 1958), en troisième et dernière fois. Hawthorn assurait le spectacle plus que les victoires (3 seulement en France en 1953 et 1958 et 1 en Espagne en 1954).

Sa trajectoire s'était brisée, fréquemment, sur celle de Fangio. Il héritait, une fois Fangio parti (en 1958), d'un horizon mondial (un peu) dégagé mais où son compatriote Stirling Moss était mieux et plus qu'un trouble-fête.

Hawthorn avait assez captivé Enzo Ferrari pour obtenir deux tickets de retour, en 1955 d'abord et surtout en 1957 et 1958. Le Commendatore lui accordait une indulgence insolite. Dans le même temps, Hawthorn ne manquait jamais d'évoquer les dispersions (successives) en 1957 de ses partenaires Eugenio Castellotti et Alfonso de Portago, et, en 1958, de Luigi Musso et Peter Collins. Il se réfugiait, en la circonstance, dans une sorte de mysticisme qui tranchait sur sa mentalité de joyeux vivant.

À Casablanca, il découvre le premier GP du Maroc, le 18 octobre 1958, avec optimisme. Cet exotisme le ravit. Il explose de colère en découvrant sa Ferrari avec le n° 2. Celui de Musso et de Collins. Il dispute le plus important GP de sa carrière avec le n° 6 que lui a donné Gendebien. Son ultime rival pour le titre est Stirling Moss (Vanwall). Dans une course confuse, Moss mène devant Phil Hill et Hawthorn. Un ordre jaillit du stand Ferrari : Hill laisse passer Hawthorn qui n'a besoin que d'une deuxième place pour devancer Moss au classement général. L'affaire est prestement réglée : Moss (4 victoires en 1958 contre 1 à Hawthorn) est écarté du palmarès mondial.

Dès le soir de sa consécration, Hawthorn annonce son retrait délibéré de la F1. Bien avant le terme d'une énième nuit blanche…

Le 22 janvier 1959, soit quatre-vingt-seize jours après Casablanca, il se tue au volant de sa Jaguar sur la réputée A1 vers Londres. Il n'avait pas 30 ans…

HILL Damon (Grande-Bretagne)

Né le 17 septembre 1960. Il est bien embarrassé Frank Williams, en cette fin de championnat 1992. À défaut de pouvoir engager Ayrton Senna, pourtant candidat déclaré, l'Anglais étudie avec Alain Prost et Patrick Faure le profil du meilleur deuxième pilote 1993. Entre le départ de Nigel Mansell pour les USA, le transfert de Riccardo Patrese chez Benetton et les réticences de Prost à l'arrivée de Senna, la situation est ambiguë.

Alain Prost n'hésite pas une seconde : « Damon Hill est intéressant. Son expérience d'essayeur est une garantie. Il s'adaptera bien à l'écurie. » La part de calcul dans le raisonnement de Prost est positive. Le Français veut un partenaire fiable à l'inverse d'un rival déclaré.

Damon Hill (32 ans) se glisse dans ce moule aussi bien que dans le cockpit de la Williams-Renault. Le fils d'un double champion du monde (Graham Hill 1962, 1968) devient le second d'un triple champion du monde (1985, 1986, 1989). Très apprécié des ingénieurs de Renault, Damon Hill correspond idéalement à l'équipier type de Prost.

Par contre, Frank Williams ne s'empêche pas d'une certaine retenue vis-à-vis de lui. La nostalgie d'Ayrton Senna le taraude. La retraite délibérée d'Alain Prost – que Williams apprend avec quatre semaines d'avance sur le grand public – ruine ses plans 1994. Il se voit (presque) obligé de garder Damon Hill. Par ricochet, l'arrivée de Senna en successeur de Prost, souhaitée par Renault, aboutit à confirmer Damon Hill en 1994, aux côtés d'un deuxième triple champion du monde.

Il ne reste à Damon Hill, efficace mais assez effacé, qu'à s'affirmer. L'irrésistible émergence de Michael Schumacher tombe comme une chape de plomb sur Damon Hill en 1994 à Adélaïde, dans un fâcheux accrochage. Avant ce GP d'Australie, ils ne s'étaient jamais doublés en course. Mais ce jour-là, Schumacher a tout jeté dans la bataille. Il récidive en 1995.

En 1996, Hill hérite d'un partenaire néophyte et turbulent, Jacques Villeneuve, qui, dès le premier GP à Melbourne, aurait pu gagner. Le duo Hill-Villeneuve survole le championnat (12 victoires sur 16). En interne, Hill domine Villeneuve (8-4).

À Suzuka, le 13 octobre 1996, un peu moins de vingt-huit ans après son père Graham, Damon Hill est consacré champion du monde. Un exploit familial unique en F1. Aujourd'hui, les tempes grisonnantes, la silhouette élancée, Damon Hill préside le BRDC (British Racing Drivers Club).

Aux yeux de l'Angleterre, il incarne la continuité anglaise. Le principal, quoi.

HILL Graham (Grande-Bretagne)

Né le 17 février 1929 et décédé le 29 novembre 1975. L'archétype du gentleman séducteur. Du major Thompson aussi. Avec ses fines moustaches, son sourire permanent, ses yeux charmeurs, son humour instinctif, Graham Hill, citoyen britannique, passait plutôt pour un comédien-né que pour un pilote. Erreur. Au lendemain d'une série de régates sur la Tamise, un ami lui propose un tour de Brands Hatch sur une Formule 3. Juste pour voir.

Il entra chez Lotus par la plus petite des portes, celle d'un apprenti à qui Colin Chapman donna les moyens de monter une Lotus Sport, Mark 2. Sa motivation de (futur) pilote est son meilleur atout. Il multiplie les tentatives, plus ou moins fructueuses, dans les différentes catégories. « Je m'en suis toujours sorti », expliquera-t-il plus tard.

Pour débuter en F1, Graham Hill n'a pas eu le choix : le GP de Monaco 1958 ou... une date ultérieure. Il couvre le trajet Calais-Monaco en Mini Austin en treize heures, avec Bette, sa jeune femme. En fait, Hill et Lotus découvrent ensemble la F1 ce 19 mai 1958. Brièvement, en perdant une roue arrière. Son premier GP de France, le 6 juillet à Reims, est aussi le dernier de Fangio, spécialement revenu en course après une certaine absence. « Je n'ai jamais pu dire ensuite que j'avais couru avec Fangio », regrettera-t-il toute sa vie. Avec un sourire mélancolique.

Pour remporter son premier GP, le 20 mai 1962, à Zandvoort (Hollande), Graham Hill a dû passer chez BRM, l'écurie anglaise de tradition, antérieure à Lotus d'une dizaine d'années. Déjà expérimenté, Hill enchaîne les podiums et termine en champion du monde. L'exploit est saisissant. Dans la dernière course, Jim Clark, l'étoile de Lotus, domine les événements. Ce cadre d'East London en Afrique du Sud est déconcertant. Hill est (presque) résigné à se classer deuxième. Sur la fin, une épaisse fumée noire s'échappe de la Lotus. Clark s'immobilise. Hill, le vainqueur, est champion du monde. Le premier à féliciter Hill, c'est Jim Clark, battu de 9 points.

Le 26 mai 1963, Graham Hill ouvre son règne à Monaco (1963, 1964, 1965 sur BRM, 1969 sur Lotus). « Ici, pour gagner, il faut tout surveiller. Les adversaires, d'accord. Mais aussi les trottoirs qui ont une fâcheuse tendance à avancer au mauvais moment (*sic*). » Le 26 mai 1963, il n'avait pas apporté son smoking. Grace et Rainier de Monaco s'amusaient, les premiers, de l'avoir vu au dîner officiel en tenue de ville. Sans avouer sa superstition, Graham Hill n'a jamais plus apporté son smoking à Monaco…

Quand Colin Chapman le sollicite pour revenir chez Lotus, Graham Hill ne parle pas d'argent. « Je veux le même traitement que Jim Clark », demande-t-il. Satisfaction lui est donnée. Quelques semaines plus tard, le 7 avril 1968, Clark se tue dans la course de F2 que disputait également Hill.

Désormais, pour Hill, les courses prennent un arrière-goût de cendres. Pour lui, la course ne serait plus jamais comme avant. Ce championnat du monde 1968 ne lui laisse aucun répit. Avant le dernier rendez-vous, à Mexico, ils ne sont que trois, Graham Hill (39 ans), Jackie Stewart (29 ans) et Dennis Hulme (32 ans) à viser le titre. La rivalité Hill-Stewart est la plus aiguë.

Hill ne s'autorise qu'une seule issue pour battre Stewart et Hulme : monter sur la plus haute marche du podium avec eux deux à ses côtés. En dessous. Ce plan s'exécute (presque) à la perfection. À cette nuance près que le jeune Mexicain Pedro Rodriguez trouble l'ordre tactique en survenant en tête. Mais en commettant une légère faute de trajectoire, il offre une splendide occasion à Hill de s'imposer.

Chapman et Hill partageaient la meurtrissure de la mort de Clark. Ils se congratulent très discrètement. Ils n'esquissent qu'un sourire de complicité.

Un peu moins de sept mois plus tard, le 18 mai 1969, Hill, toujours sur Lotus, enlève son cinquième GP de Monaco. C'est sa dernière victoire en championnat mais pas son dernier GP. Il a la course dans le sang. Il traîne chez Brabham, Shadow et Lola, toujours avec Ford. En 1975, il subit l'humiliation d'une non-qualification dans le GP de Monaco. Le quintuple vainqueur du GP de Monaco est un homme nu. Il se découvre hors sujet. C'est sa plus lourde déception de carrière.

À défaut de courir un 177e GP, il se donne la mission d'amener un jeune Anglais Tony Brise (23 ans) à maturité. Brise dispute neuf GP en 1975 sous la férule de Hill. Le 29 novembre 1975, de retour d'essais privés sur le Paul-Ricard, Hill et Brise périssent dans le même accident d'avion privé. L'Angleterre pleure Hill comme un double champion du monde et Brise comme un « futur » champion du monde.

HILL Phil (USA)

Né le 20 avril 1927 et décédé le 28 août 2008. Lors de sa première saison en F1, en 1958, l'Américain Phil Hill vit disparaître Luigi Musso et Peter Collins, deux coureurs Ferrari. Ce Californien élégant, faussement dilettante, s'était tourné vers Ferrari, en empruntant la voie de l'endurance (Sebring, Le Mans).

Comme tous les grands pilotes, il ne menait pas des relations harmonieuses avec Enzo Ferrari. En 1961, le Commendatore avait lancé un commando Ferrari sur les pistes : Phil Hill, Richie Ginther, Wolfgang Von Trips et, épisodiquement, Ricardo

Rodriguez, Will Mairesse, Giancarlo Baghetti, vainqueur à Reims dès son premier GP après une déroute des Ferrari.

Sur la durée du championnat, Von Trips et Hill émergent. Le GP d'Italie s'annonce décisif. Il l'est mais dans un sens sinistre. Von Trips se tue dans un spectaculaire accident. Hill finit la course en ayant perçu l'accident mais pas identifié son pilote. Il ne reçoit que des fragments d'information.

En ralliant l'arrivée, Hill comprend tout. Il a beau être champion du monde, il n'a plus envie de courir en cette saison 1961. Il se prive du dernier GP à Watkins Glen.

Il n'oubliera pas plus Monza 1961 que Le Mans 1955. Quelque chose d'intime s'est rompu en lui, le jour de sa plus grande gloire. Il dispute ensuite quelques GP chez Cooper et Lotus-BRM. Mais il a perdu le goût de la victoire.

HONDA Soichiro (Japon)

Né en 1906 et décédé en 1991. Dans son autobiographie, *Honda par Honda*[1], Soichiro Honda, le fondateur de Honda, l'entreprise qui porte toujours son nom, expliquait : « Tenter la victoire en F1, c'était pour beaucoup tenter l'impossible… Je mettrais le temps qu'il faudrait mais rien ne pourrait m'empêcher de vaincre. »

Une aventure sportive et industrielle aussi gigantesque que celle de Honda ne peut pas se résumer en quelques mots. À la parution de l'ouvrage, Soichiro Honda avait déjà lancé (et gagné) l'aventure de la F1. La première monoplace Honda débuta le 2 août 1964 dans le GP d'Allemagne, au Nürburgring, avec l'Américain Ronnie Bucknum aux commandes. D'ailleurs, Bucknum découvrait la F1 en même temps que Honda.

Cette apparition de Honda en F1 à l'été 1964 n'est pas innocente. En octobre, Tokyo recevait les jeux Olympiques et jamais le Japon n'avait abrité un tel rassemblement sportif internatio-

---

1. Stock éditeur, 1979.

nal. Ainsi, la F1 permettait à Honda, marque 100 % japonaise, de diversifier son image sportive internationale.

Ce n'est que le 24 octobre 1965, à Mexico, que l'Américain Richie Ginther, ex-Ferrari et BRM, s'impose sur Honda dans une course très éprouvante. Cette victoire conforte Soichiro Honda dans ses objectifs à long terme. Le 10 septembre 1967, John Surtees, ancien champion du monde 1964 (avec Ferrari), remporte le GP d'Italie à Monza. De grandes perspectives s'ouvrent à Honda.

Le championnat 1968 se révèle pénible pour Honda. La mort accidentelle de Jo Schlesser à Rouen, le 7 juillet dans le GP de France, interpelle directement Soichiro Honda. Le retrait de l'écurie Honda est effectif à la fin du championnat 1968. John Surtees a livré un baroud d'honneur à Monza en décrochant la pole position.

Honda se met en situation de veille technologique en ce sens que Soichiro Honda a donné mission à un petit groupe de collaborateurs proches (dont Masaru Unno) de surveiller l'évolution de la F1. Le turbo Renault captive particulièrement les ingénieurs japonais.

Nobuhiko Kawamoto, le président de Honda Research, a conçu un turbo pour une écurie expérimentale : le 16 juillet 1983, le Suédois Stefan Johansson pilote une Spirit Honda turbo à Silverstone. Moins d'un mois plus tard Frank Williams annonce une entente (gratuite) avec Honda pour 1984 et 1985, d'ailleurs automatiquement prolongeable.

Ce projet tient énormément à cœur à Soichiro Honda. Le week-end du 24-26 octobre 1986, il vient à Adélaïde (Australie) pour le dernier GP de la saison : Nigel Mansell et Nelson Piquet, les deux pilotes Williams, devaient se disputer le titre mondial. Parfaitement élaboré, ce schéma est ruiné par Alain Prost (McLaren-TAG Porsche). Mortifié, Soichiro Honda a transmis ses félicitations à Alain Prost. Avec les arrière-pensées d'un grand patron qui ne songe à rien d'autre qu'à l'expansion de sa société.

Bref, Piquet a beau être champion du monde 1987 avec Williams-Honda, le turbo Honda quittait Williams pour apparaître en 1988 chez McLaren avec un duo Alain Prost-Ayrton Senna, suggéré fortement par Soichiro Honda. Quatre consécrations mondiales s'enchaînent : 1988 avec Senna, 1989 avec Prost, 1990 et 1991 avec Senna.

Ce dernier titre mondial de Senna, chez McLaren-Honda, Soichiro Honda ne le voit pas. Il s'éteint le 5 août 1991 à Tokyo, exactement 76 jours avant la consécration de Senna à Suzuka. On l'ignore à l'époque : c'est aussi l'ultime consécration mondiale du Brésilien.

L'image Honda rayonnait sur la planète. Le constructeur japonais était la référence absolue en F1. Les temps devenant économiquement moins faciles, la politique sportive de Honda se rétrécit. Les divers partenaires (Spirit, Tyrrell, Lotus entre autres) sont rangés dans l'armoire aux souvenirs.

La réalité le constate froidement : à l'époque de Soichiro Honda et de Nobuhiko Kawamoto, Honda n'était décidément prêt que pour les grands challenges, à la fois sportifs et économiques.

L'émergence d'Hirotoshi Honda, le fils de Soichiro, comme propriétaire de Mugen, se concrétise avec Ligier (1996), Prost GP (1997), Jordan (1998, 1999) sans autre grande promesse que la victoire de Panis dans le GP de Monaco, le 19 mai 1996.

Ce ne fut ensuite qu'une longue et difficile période. La naissance de BAR-Honda en 2000 (avec Jacques Villeneuve et Olivier Panis) suscita quelques espérances vite envolées. Tout comme Jordan-Honda à partir de 2000 (avec Frentzen, Alesi, Trulli, Zonta, Sato, Fisichella, etc.). En 2003-2004, Honda continua de se récupérer (Jacques Villeneuve, Jenson Button, Takuma Sato).

En 2006, ayant repris le contrôle total de l'écurie BAR, Honda salua la victoire (sans lendemain) de Jenson Button à Budapest, le 6 août. Takeo Fukui, le président de Honda, manquait à la fête. La naissance de Super Aguri, un projet 100 % japonais, captiva Honda pendant trois ans (2006, 2007, 2008).

Entre-temps, le réveil de Honda se laissa entrevoir en 2007 et 2008 (avec Jenson Button et Rubens Barrichello), sous la férule de Ross Brawn. Mais, à Tokyo, le conseil d'administration de Honda ne suivait pas. Le 5 décembre 2008, de Tokyo, Honda annonçait son retrait définitif de la F1.

À Brackley, Ross Brawn put reprendre l'écurie et mener un prodigieux projet 2009 avec le budget de Honda, intégralement versé, Jenson Button enfin épanoui et le soutien logistique de Mercedes. « Cette voiture est la première Honda-Mercedes de la F1 », glissait-on dans le paddock 2009. Un couronnement posthume pour Honda. À ce jour, aucun constructeur n'a jamais été autant regretté que Honda...

HULME Dennis (Nouvelle-Zélande)

Né le 18 juin 1936 et décédé le 4 octobre 1992. Le 2 octobre 1967, jour de sa consécration mondiale à Mexico, fut aussi (et surtout) un jour de cauchemar pour Dennis Hulme, premier Néo-Zélandais couronné n° 1. Cette fois, le plus taciturne et le plus renfermé de tous les pilotes de l'histoire de la F1 devait prononcer quelques mots, en public, devant les officiels et le (petit) monde de la F1, dans le cadre d'une fête de fin de saison dans les arènes monumentales de Mexico. En cette réception, d'ailleurs, Guy Ligier était un picador alors que Dennis Hulme avait reçu la cape du matador.

En fait, Hulme était un grand pilote à l'état brut qui préférait courir plus vite que tous les autres qu'expliquer ses états d'âme et exposer ses ambitions. Il vivait dans l'ombre portée de l'Australien Jack Brabham, son constructeur, et de Bruce McLaren, son ami néo-zélandais en train justement de monter une écurie de F1.

D'ailleurs, les deux amis néo-zélandais se dispersaient sur les deux fronts de la F1 et des courses américaines. Hulme qui rêvait comme un gamin de conduire les monoplaces de McLaren le rejoignit en 1968, en lui apportant son n° 1 de champion du monde.

Pour Hulme, qui avait participé à l'aventure naissante de Jack Brabham, dès 1965, et atteint son objectif mondial, l'occasion

101

de McLaren survenait comme un challenge encore plus grisant et symbolique que le premier. Cette ambition le stimulait intimement.

À sa manière (présumée), il aurait aimé réaliser avec Bruce McLaren le doublé des antipodes. Une performance originale, conforme à sa mentalité et à ses valeurs.

La mort accidentelle de Bruce McLaren (33 ans), dans des essais privés à Goodwood, fournit malheureusement à Hulme l'occasion de se surpasser en hommage posthume à son ami décédé. Il tint l'écurie McLaren à bout de bras pendant quatre ans (jusqu'en 1974) avant de se retirer à Watkins Glen, le 6 octobre 1974. Toujours sans un mot.

Il avait bouclé sa carrière (1965-1974), la conscience tranquille, entre deux constructeurs venus des antipodes.

HUNT James (Grande-Bretagne)

Né le 29 août 1947 et décédé le 15 juin 1993. Ce jeune Anglais (26 ans), dégingandé et décontracté, qui choisit le GP de Monaco 1973 pour débuter en F1, ne doute assurément de rien. Il se sait pétri de dons. Il recherche les sensations extrêmes de la vitesse et des risques avec l'insouciance provocante d'un dandy. Au gré d'une rencontre mondaine, James Simon Wallis Hunt a croisé la route d'un jeune aristocrate, lord Hesketh, qui va consacrer une partie de sa fortune à monter une écurie, décorée de l'Union Jack. Rien d'autre.

Dans une F1 en voie de professionnalisation, le duo Hesketh-Hunt détonne. Sur la piste, Hunt se fraye sa route en bousculant tout, ses adversaires comme les préjugés. Il marque son premier point, dès le 1er juillet 1973, dans le GP de France sur le Paul-Ricard.

Lui qui éprouve tant de difficultés à se glisser dans un personnage de convention, même (et surtout) après la fin imprévue de l'aventure Hesketh en octobre 1975, récupère un volant chez McLaren, qu'Emerson Fittipaldi vient de délaisser inopinément.

Teddy Mayer, le patron de McLaren, mise à fond sur Hunt. Un quitte ou double, en somme. Hunt est déjà bien installé dans l'existence qu'il a choisie. Il effectue d'incessants trajets entre Londres et Marbella, où il réside. Ses frasques existentielles ne se comptent plus. Ce séducteur-né alimente généreusement les rubriques people. Parfois à son détriment quand sa femme Suzy le quitte pour Richard Burton. Il feint l'indifférence. Il cultive la provocation comme une deuxième nature. Cet épicurien ose avancer : « Pour me préparer au mieux à un GP, je ne connais pas de meilleur remède que de renoncer à l'alcool pendant trois jours avant les essais. » Le reste du temps, c'est son affaire...

Toujours est-il qu'en cette année 1976, lui, le successeur du double champion du monde Emerson Fittipaldi (1972, 1974), se retrouve dans la ligne droite d'un postulant au titre mondial. Avec un adversaire direct de premier ordre, Niki Lauda. « Ça devenait sérieux ! » rigola Hunt, quelques années plus tard, une boisson alcoolisée à la main et fumant une énième blonde.

À la mi-saison, au soir du GP de France, le huitième du calendrier, que vient de remporter James Hunt, l'Anglais n'est que quatrième (17 points), loin derrière Niki Lauda (55 points) qui survole le championnat. Ensuite, Hunt, vainqueur à Brands Hatch, se rapproche de Lauda (35-58).

Le 1er août 1976, Hunt, en pole, et Lauda occupent la première ligne du GP d'Allemagne, au Nürburgring. Une foule énorme cerne le circuit. Après un départ normal, Jochen Mass mène au deuxième tour et « encaisse » un panneau impératif : « Laisse gagner James. » Lequel Hunt est en train de changer de pneus, car la pluie du début a cessé. Mais un drame éclate : la Ferrari n° 1 de Lauda dérape, heurte la barrière dans un virage pris à fond et s'enflamme. Hunt ignore tout. Il ne s'aperçoit de l'accident de Lauda qu'après un tour complet. On lui minimise, plus tard, la gravité de l'état de santé de Lauda. L'Autrichien, paraît-il, est choqué. C'est tout.

En fait, Lauda a frôlé la mort. Hunt, impressionné, parle fréquemment avec Lauda. L'Anglais, le premier, se doute du prompt rétablissement de Lauda. Lequel mène toujours au classement après sa rentrée dans le GP d'Italie (61-56). Hunt se retrouve en challenger, tout comme auparavant. Est-il impressionné par Lauda ?... Il le reconnaît à demi-mot. En même temps, il doit se replier sur ses ambitions propres, se concentrer sur un titre qui s'offre à lui.

Il ne reste plus que trois GP (Canada, USA Ouest, Japon). Hunt frappe deux fois (Canada, USA Ouest). Mais Lauda sauve les meubles avec une extraordinaire lucidité. Avant le Japon, clôture du championnat, Lauda mène devant encore Hunt (68-65). Ils surviennent au Mont Fuji comme deux complices en train de préparer un bon coup.

Lauda, tenant du titre, se voit le premier (agréablement) surpris de cette ultime chance à lui offerte d'arracher son troisième titre mondial (après 1973, 1975). La désinvolture de James Hunt le captive. Comme elle déconcerte la Scuderia, pétrie d'émotion devant le formidable retour de son leader.

Une pluie tenace inonde la Mont Fuji. Le départ du GP du Japon, ce 24 octobre 1976, est perpétuellement retardé. La visibilité est nulle. Les pilotes se concertent en permanence. Lauda ne dissimule pas son énervement devant ces retards. Il ne parle pas trop. Hunt non plus. Ces duellistes sont les seuls à tout gagner ou à tout perdre en cette journée humide, sombre et capitale. Face à sa grande chance de carrière, un titre mondial sur une seule course, Hunt a le vertige.

Le brouillard s'épaissit. La visibilité est de plus en plus précaire. La piste inondée est boueuse sur les deux côtés. Le départ se rapproche. Hunt se met en grille, en première ligne, aux côtés de Mario Andretti, en pole position. Lauda ne perd pas Hunt du regard : en deuxième ligne, il a calculé sa stratégie. Les nuages gris roulent dans le ciel. L'ambiance générale est dantesque.

Dès le feu vert, Hunt jaillit de sa position, dans une énorme gerbe d'eau. En moins de trois secondes, il aborde en tête le virage. À la fois de la course et du championnat. « Le meilleur départ de ma vie », s'amusera Hunt ensuite.

Derrière, Lauda, très mal parti, ne réagit pas. Il stoppe devant son stand et, en un éclair, explique à ses ingénieurs qu'il abandonne. La Scuderia est accablée. Lauda est soulagé. En passant devant le stand Ferrari, Hunt perçoit la situation. Il ne s'en réjouit pas. Il lui reste plus de soixante tours à couvrir.

Hunt prend un énorme risque. Son pneu avant gauche se détériore. Au point, au fil des tours, de se déchiqueter. Hunt s'arrête, la rage au cœur. Avec la certitude de perdre un titre mondial que lui avait donné Lauda.

Bref, à cinq tours de la fin, Hunt repart, en état d'irritation, avec 27 secondes de retard, derrière Mario Andretti et Patrick Depailler. Hunt est furieux après lui-même, contre ce pneu maudit, contre son écurie, contre la terre entière. Un panneau lui est brandi : sixième.

C'est une erreur. Hunt est cinquième. Mais il se voit battu, même en dépassant Clay Regazzoni et Alan Jones, qui ont ralenti leur cadence pour rallier l'arrivée. Hunt n'a plus que deux pilotes devant lui, Andretti et Depailler. Mais il l'ignore. Ou plutôt il ne s'en rend pas compte.

À l'arrivée, Hunt, ivre d'une colère exacerbée, ne retire même pas son casque. Il est furieux d'avoir tout perdu. La course. Le titre. Son honneur. En enlevant lentement son casque il ne remarque même pas Teddy Mayer, la gorge sèche, incapable de parler, qui lui brandit trois doigts largement ouverts.

Un éclair traverse le cerveau de James Hunt. Trois doigts ? « Je suis troisième. » Et mathématiquement champion du monde : avec 69 points contre 68 à Niki Lauda. Il chavire dans un suprême bonheur.

Et la fête commence.

Pendant plus de trente-six heures consécutives, James Hunt, héros de toutes les nuits blanches possibles et de tous les petits matins de foire, sombra dans une béatitude absolue. Très anglaise, quoi.

À 29 ans et 56 jours, James Hunt entrait dans la grande légende de la F1 comme un champion du monde fantastique et imprévisible. Il n'atteignit même pas son 46e anniversaire. Le

15 juin 1993, il s'éteignit comme une bougie après avoir brûlé la vie par tous les bouts.

HYMNES

Pour chaque arrivée des GP du championnat du monde, le rituel de cérémonial fixé par la FIA prévoit sur les podiums l'exécution de deux hymnes nationaux, celui du pilote vainqueur puis celui de l'écurie gagnante engagée dans le championnat du monde avec la validation de la FIA.

Cette dualité répond effectivement à un double objectif : distinguer le pilote, pratiquant licencié dont la FIA atteste de sa nationalité et, ensuite, l'écurie également licenciée par la FIA sous son identité nationale.

En apparence et à l'usage, ce système fonctionne normalement dans la mesure où les pilotes et leurs écuries sont enregistrés par la FIA au début de chaque championnat.

Les dysfonctionnements, qui sont rarissimes, entrent dans la (petite) histoire des anomalies de la F1.

L'ultime dysfonctionnement dans le genre remonte au 19 avril 2009 à Shanghai, à la double occasion de la première victoire de Sebastian Vettel chez Red Bull, devant son partenaire Mark Webber, de surcroît sous une pluie battante. Les deux hommes avaient réalisé un splendide doublé, le premier de leur association sous les couleurs de Red Bull, écurie basée à Milton Keynes (près de Silverstone).

Dans la pénombre humide qui submerge le site de Shanghai, Vettel se tient, ému et droit, au garde-à-vous pendant l'hymne allemand, *Deutschland Uber Alles*. Vettel se succède à lui-même : le 14 septembre 2008, à Monza, il avait remporté son premier GP de carrière sur une Toro Rosso. Cette fois, il grimpe d'un échelon dans la hiérarchie des vainqueurs.

Surprise : après l'hymne allemand, voici que montent dans le ciel chinois les accents du *God Save the Queen*. Le public chinois ne bronche pas. D'ailleurs, en raison de la pluie, les spectateurs ont commencé à déserter les tribunes. Dans le paddock, les techniciens anglais de Red Bull, accrochés aux barrières, couvrent Vettel, Webber et Christian Horner des yeux. Toute l'entité Red Bull est heureuse.

Du moins, celle du stand.

Car, simultanément, à des milliers de kilomètres de l'un de l'autre, deux Autrichiens, Dietrich Mateschitz, le propriétaire de l'écurie et de la boisson Red Bull – accessoirement financier de l'écurie, soit dit en passant –, et Helmut Marko, son bras droit, blotti dans une des petites maisons du paddock, sursautent ensemble, sans concertation.

Sur-le-champ, le téléphone fonctionne aussitôt entre Salzbourg et Shanghai. Mateschitz demande à Marko des explications que celui-ci ne peut pas fournir.

Conséquence : Marko file vers les bureaux de la FIA, à proximité du paddock, en quête d'éclaircissements auprès des officiels. L'erreur, en effet, est manifeste.

L'écurie Red Bull, qui atteint sa quatrième année d'existence (depuis le GP d'Australie 2005), est enregistrée par la FIA avec une licence autrichienne. Et c'est bel et bien l'hymne autrichien qui devait accompagner le doublé Vettel-Webber.

Cette erreur n'est perceptible que par les Autrichiens. Mais, pour un peu, elle revêtirait les dimensions d'une affaire d'État. Il n'en est heureusement rien. Mateschitz et Marko reçoivent immédiatement les explications demandées, avec des excuses.

Aucun calcul machiavélique ne se dessinait derrière cette mésaventure auditive. Il n'y avait tout simplement pas de cassette de l'hymne autrichien dans les caissons du matériel des podiums. Pour information, cet hymne autrichien n'avait pas retenti dans un circuit de F1 depuis le… 27 juillet 1997, date de la dernière victoire de Gerhard Berger dans le GP d'Allemagne, à Hockenheim, sur Benetton-Renault. Cette aussi longue absence autrichienne est une explication de fortune.

Sur place, dans les heures qui suivent, Christian Horner, le patron de Red Bull, a beau jeu d'interpeller les officiels : « La semaine dernière, je suis passé devant le tribunal d'appel de la

107

FIA à Paris. Et la nationalité autrichienne de Red Bull était bien spécifiée. Je ne comprends pas… » Effectivement, il avait beau jeu de s'étonner et il n'était pas le seul. Il n'avait pas besoin d'insister. Encore moins de s'irriter…

La rareté de ce genre de dysfonctionnement démontre que la complexité multinationale de la F1 est une notion admise et répandue. Après tout, les écuries anglaises étant majoritaires, un dérapage insolite et furtif ne sert qu'à… clarifier la situation.

I

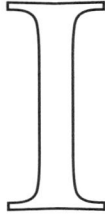

ICKX Jacky (Belgique)

Né le 1ᵉʳ janvier 1945. Plus doué que lui... Le 7 août 1966, la F1 et Jacky Ickx se découvrent mutuellement au Nürburgring, dans le GP d'Allemagne. Ickx (22 ans) s'aligne sur une Matra F2. Il récidive le 6 août 1967, encore à Hockenheim. Sans marquer de point puisque le règlement ne le tolère pas.

Quand Ickx débute en F1, le 10 septembre 1967 à Monza dans le GP d'Italie sur la Cooper-Maserati n° 32, il marque instantanément son premier point de carrière. Son talent inné éclate au grand jour. Enzo Ferrari le recrute immédiatement. Ickx rejoint le Néo-Zélandais Chris Amon (25 ans) et l'Italien Andrea de Adamich (27 ans). Le jeune Belge qui n'est pas d'un commerce conciliant ne redoute pas de tenir tête au Commendatore pour de banales questions secondaires.

Le 7 juillet 1968, au volant de la Ferrari n° 26, Ickx se couvre de gloire sur le circuit de Rouen-les-Essarts, dans sa neuvième course, malheureusement endeuillée par l'accident mortel de Jo Schlesser, dont la Honda n° 18 s'embrase dès le début du GP de France. Ickx, qui n'a rien perdu de l'accident, affiche une concentration maximale. « J'ai fait le vide dans mon esprit », dira-t-il ensuite en descendant de la plus haute marche du podium. Il n'a jamais franchement osé sourire de sa victoire. D'un pas lourd, il se rend, les traits fermés, vers le virage où s'est brutalement achevée la carrière de Schlesser. Il dépose son bouquet de fleurs de vainqueur sur le sol encore noirci par l'incendie de la machine de l'infortuné Schlesser.

Cette rencontre avec la fatalité, le jour de son premier succès en F1, le marque à jamais. « J'ai découvert ensemble les deux extrêmes de la course. C'est une bonne leçon », souffle-t-il. Il en sera marqué pour le reste de sa carrière. Justement, il lui faut rebondir de son mieux car, entre lui et le Commendatore, les nuages s'amoncellent. Ickx ne dédaigne pas de résister à Enzo Ferrari. Pour lui, jeune coureur, il s'agit moins d'avoir raison à tout prix que d'être (simplement) respecté. Ni le Belge ni l'Italien n'ont ébauché la moindre conciliation.

Le divorce Ickx-Ferrari débouche prestement sur un mariage Ickx-Brabham. Pour Ickx, l'année 1969 est très positive : il devance Jack Brabham dans sa propre écurie avec deux victoires et en devenant vice-champion du monde derrière Jackie Stewart. Mais le duel Stewart (6 succès) – Ickx (2 succès) déborde de la piste. Stewart est le prophète d'une sécurisation accrue. Ickx lui tient tête en prônant une responsabilité individuelle. Ce dialogue de sourds, largement médiatisé, ne débouche sur rien d'autre que le refus de Jacky Ickx de s'engager dans la GPDA[1] pour ne pas y croiser Stewart…

Enzo Ferrari, à nouveau séduit par Ickx, le récupère en 1970, aux côtés de Clay Regazzoni et Ignazio Giunti. L'affrontement Ickx (Ferrari) – Jochen Rindt (Lotus) est somptueux. Le Belge est le seul à contenir Rindt. Néanmoins, l'Autrichien n'a besoin que d'une victoire à Monza, le 6 septembre, pour être consacré. Mais Rindt se tue aux essais. Ickx, en pole position, le seul en mesure de battre Rindt à la régulière (31 points contre 45) avec trois GP (Canada, USA, Mexique), dit : « Dès cette tragique minute, ma motivation avait perdu son sens. » Il se refuse, organiquement, à défier un rival décédé.

En vérité, jamais Ickx n'est aussi proche du titre mondial. Et aussi loin aussi car, dans sa conscience de prince du danger, il s'humilierait lui-même d'exploiter les circonstances. Enzo Ferrari reste assez silencieux sur ce cas de conscience qui déborde

---

1. Grand Prix Drivers Association.

des règles de la course. Ickx a souvent discuté, en tête-à-tête avec Enzo Ferrari, de cette situation mais il n'a jamais rien dévoilé sur la teneur de leurs propos.

Cette opportunité mondiale, Ickx (25 ans) ne la retrouvera plus jamais. Lui qui avait obtenu sa première victoire dans une ambiance de drame, à Rouen-les-Essarts le 7 juillet 1968, renonce à un titre mondial deux ans plus tard pour être en règle avec sa conscience. « Vous me voyez champion du monde dans des conditions comme ça ? » questionna-t-il, ici et là, ultérieurement.

Sa présence sur les podiums se raréfie. Mais son talent et son opiniâtreté ne l'abandonnent pas. Finalement, Ickx aura disputé 116 GP entre 1966 et 1979, en courant ultérieurement avec McLaren, Iso, Lotus, Williams, Ensign et Ligier.

Mais il s'adonnait aussi aux 24 Heures du Mans (6 victoires, 1969, 1975, 1976, 1977, 1981, 1982) et au Paris-Dakar (victoire avec Claude Brasseur en 1983). « Pour un type comme moi, l'endurance et le rallye-raid sont mieux que des exutoires », lâche-t-il souvent. Il est au fond le plus complet, tactiquement et techniquement, des pilotes de sa génération.

Son antagonisme avec Jackie Stewart, devenu légendaire, finissait par peser à tous les deux. Des amis communs s'employèrent à les rapprocher. Le samedi 25 septembre 2010, ils étaient tous les deux dans le paddock de Singapour. Leurs regards se croisèrent. La seconde d'après, ils se congratulaient chaleureusement. Leur… brouille avait duré plus de trente-cinq ans. En 2011, Jacques-Bernard (dit Jacky) Ickx, 66 ans et 116 GP, et Jackie Stewart, 72 ans et 99 GP, s'emploient ensemble à se recréer des souvenirs partagés. Une phrase leur sert de dénominateur commun : « Le facteur humain demeure essentiel dans les sports mécaniques. »

INFINITI

Ce mardi 1er février 2011, Didier Calmels et Philippe Sinault (écurie Signature) reçoivent au Chiberta, à Paris, quelques proches, en présence de Gregor Neve (Nissan West Europe).

Une rumeur circule : Nissan s'intéresse à la F1. Une judicieuse idée. En effet, dans la mesure où Honda et Toyota ont renoncé à la F1, l'hypothèse Nissan gagne en crédibilité. Le processus d'entrée reste confidentiel.

Le projet s'affine à l'écart des médias. Le 15 février, Claude Hugot, le responsable européen de la communication d'Infiniti, le modèle haut de gamme de Nissan, envisage l'imminence d'une opération Infiniti.

Ce mardi 15 février 2011, dans le cadre de la journée des dealers internationaux d'Infiniti, au stade Louise-T. Blouin, en périphérie de Londres, le voile est levé : le sigle Infiniti *badgera* les moteurs Renault des Red Bull de Sebastian Vettel et Mark Webber. Une communication interne valide cette opération.

Ce mardi 1er mars 2011, au Salon automobile de Genève, l'apothéose de l'opération se déroule sur l'immense stand Infiniti : entre Sebastian Vettel, qui porte une casquette arborant le n° 1, et Christian Horner, tête nue, l'Anglais Andy Palmer, vice-président de la division communication d'Infiniti, explique comment Infiniti remplace Renault sur les machines de Vettel et Mark Webber.

Une seconde plus tard, le sigle Infiniti est apposé à côté de Red Bull, à une (grande) dimension équivalente, sur la paroi murale. Vettel s'exclame : « Ma saison 2011 commence ici. Il me reste à continuer à gagner ! »...

Détail important : l'originalité de ce concept s'inscrit dans la stratégie de rapprochement des entreprises Renault et Nissan. Une opération en cours.

INFLATION

Une anecdote qui vient, d'ailleurs, du fond des temps.

Le 3 mars 1978 à Kyalami, à la veille du GP d'Afrique du Sud, Hugues de Chaunac, le team manager de la toute récente écurie RMO-Martini-Elf, anime son commando (restreint). C'est un grand jour pour cette écurie articulée autour de René Arnoux (30 ans), néophyte prometteur.

Voici quarante-huit heures qu'Hugues de Chaunac et ses hommes travaillent d'arrache-pied, sans une minute de répit, sur leur unique monoplace, la MK M23, arrivée en droite ligne de Magny-Cours.

Ce commando de Français est, d'une certaine manière, l'attraction du paddock. Niki Lauda (Brabham-Alfa) n'a pas manqué d'observer ces gars qu'il n'a jamais vus auparavant et qui se dépensent de leur mieux. Visiblement avec peu de moyens. Encore moins que ça...

Lauda vient, spontanément, féliciter Hugues de Chaunac : « Je vous admire sincèrement car je ne sais pas comment vous arrivez à vous débrouiller. » L'Autrichien applaudit tout seul ces Français.

D'ailleurs, pour ce commando RMO-Martini-Elf, cette année 1978 n'est qu'une galère qui ne dépassera pas quatre courses.

En 2011, soit trente-trois ans plus tard, Hugues de Chaunac revient sur ses (brefs) débuts en F1 : « Je garantis l'authenticité de cette rencontre avec Niki Lauda. Notre budget d'alors ne s'élevait qu'à 3 500 000 francs. Une somme ridicule. Nous étions des gamins insouciants pour nous lancer dans une aventure pareille avec des partenaires enthousiastes... »

Au fait, la conversion de ce (mince) budget de 1978 en euros s'élève à... 600 000 euros ! Hugues de Chaunac explose : « Je préfère en rire... » Il a raison. Il dédie cette... péripétie à tous ceux qui, comme lui, ont rêvé de se lancer en F1 pour le plaisir de rechercher des « frissons spéciaux ».

Quand ils se croisent dans un paddock, Lauda et de Chaunac échangent un sourire complice.

J

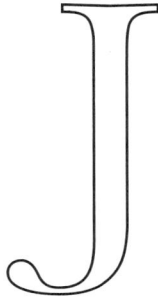

JABOUILLE Jean-Pierre (France)

Né le 1er octobre 1942. Ce 28 septembre 1980, Jean-Pierre Jabouille ne va pas terminer le vingt-sixième tour du GP du Canada : sa Renault a heurté des barrières à très vive allure. Jabouille est coincé dans son cockpit.

Les secouristes s'affairent assez longtemps. Jabouille est gravement atteint aux jambes : trois fractures de la jambe droite (tibia et genou), une fracture de la rotule du genou gauche.

Il venait de quitter Renault pour rejoindre son beau-frère Jacques Laffite chez Ligier. Une très longue et éprouvante convalescence le guette. Il souffre le martyre dans les trois GP 1981 qu'il dispute (Saint-Marin, Belgique, Espagne). Il se résigne mal à une retraite anticipée.

À 42 ans, ce grand blond qui a couvert 49 GP depuis 1975 (1 chez Tyrrell, 45 chez Renault, 3 chez Ligier) se retire sans avoir donné toute sa mesure. Il reste comme l'initiateur du turbo Renault en F1 avec la victoire historique de 1979 dans le GP de France. Il n'a pas donné son maximum.

JEUNESSE

Record : à 19 ans 4 mois et 21 jours, le 28 juillet 2009, l'Espagnol Jaime Alguersuari devenait le plus jeune pilote de l'histoire

de la F1. Il l'est resté. À l'inverse des vingt-trois plus jeunes
pilotes qui l'avaient précédé…

19 ans 5 mois 29 jours : Mike Thackwell (NZ)	GP du Canada 1980
19 ans 6 mois 27 jours : Ricardo Rodriguez (MEX)	GP d'Italie 1961
19 ans 7 mois 3 jours : Fernando Alonso (ESP)	GP d'Australie 2001
19 ans 10 mois 14 jours : Esteban Tuero (ARG)	GP d'Australie 2001
19 ans 10 mois 20 jours : Chris Amon (NZ)	GP de Belgique 1963
19 ans 11 mois 14 jours : Sebastian Vettel (ALL)	GP des USA 2007
20 ans 1 mois 22 jours : Eddie Cheever (USA)	GP d'Afrique du Sud 1978
20 ans 1 mois 22 jours : Jenson Button (GB)	GP d'Australie 2000
20 ans 2 mois 12 jours : Tarso Marques (BRE)	GP du Brésil 1996
20 ans 2 mois 19 jours : Troy Ruttman (USA)	GP des USA 1950
20 ans 4 mois 26 jours : Sébastien Buemi (CH)	GP d'Australie 2009
20 ans 6 mois 12 jours : Peter Collins (GB)	GP de Suisse 1952
20 ans 8 mois 13 jours : Nico Rosberg (ALL)	GP de Bahreïn 2008

20 ans 9 mois 12 jours : Jimmy Davies (USA)	GP des USA 1950
20 ans 9 mois 19 jours : Rubens Barrichello (BRE)	GP d'Afrique du Sud 1993
20 ans 9 mois 25 jours : Elio de Angelis (ITA)	GP d'Argentine 1979
20 ans 10 mois 6 jours : Felipe Massa (BRE)	GP d'Australie 2002
21 ans 1 mois : Christian Klien (AUT)	GP d'Australie 2004
21 ans 3 mois 10 jours : Fritz d'Orey (GB)	GP de France 1959
21 ans 3 mois 28 jours : Peter Ryan (CAN)	GP des USA 1961
21 ans 3 mois 28 jours : Andrea de Cesaris (ITA)	GP du Canada 1980
21 ans 4 mois 1 jour : Jerry Hoyt (USA)	GP des USA 1950
21 ans 4 mois 15 jours : Kimi Räikkönen (FIN)	GP d'Australie 2000

Champions du monde : Fernando Alonso (2005, 2006), Kimi Räikkönen (2007), Jenson Button (2009), Sebastian Vettel (2010).

JONES Alan (Australie)

Né le 2 novembre 1946. Depuis qu'il avait monté son écurie, en 1973, comme il le pouvait, Frank Williams restait en perpétuelle quête de moyens financiers. Avant sa rencontre avec Alan Jones, ses premières années n'étaient qu'une longue galère.

Avant de signer chez Williams, Jones, Australien bourru et costaud, avait erré chez Hesketh, Lola, Surtees et Shadow. Il avait même gagné le GP d'Autriche 1977 avec une Shadow-Ford. Mais c'est Clay Regazzoni qui signe la première victoire d'une Williams-Ford le 14 juillet 1979 à Silverstone. Jones s'engouffre, en 1979, puis surtout en 1980, dans la trouée positive de la Williams-Ford. Au point de se positionner, dès l'ouverture du championnat du monde 1980 à Buenos Aires, en vainqueur du jour et candidat au titre mondial.

Dans une relation glaciale entre le pouvoir sportif et les écuries anglaises, Alan Jones se détache comme un leader. Il ne redoute pas son équipier Regazzoni, trop latin à son goût, et se focalise sur Nelson Piquet, le leader de Brabham. Le duel Frank Williams-Bernie Ecclestone (le propriétaire de Brabham) alimente les polémiques.

Jones qui adore cette ambiance conflictuelle s'y épanouit. À Montréal, dans le GP du Canada, décisif, Jones et Piquet se heurtent au premier départ. Dans le second, Jones a pris la mesure de Piquet, réduit à un abandon sans gloire.

Ce championnat du monde 1980 n'entre pas dans l'histoire comme un grand cru. L'humeur des paddocks était détestable. Le talent des pilotes s'effaçait derrière d'incessantes polémiques, plus malsaines les unes que les autres.

Au bilan final, Alan Jones est, aux yeux de l'histoire, le premier champion du monde de l'écurie Williams. Cette entente australo-anglaise brille par son réalisme. Alan Jones se réjouit (?) d'avoir vengé son père, Stan, pilote avant la création du championnat du monde et jamais vainqueur hors de l'Australie.

Tel quel, Alan Jones n'a jamais cherché à s'entendre avec quiconque n'était pas australien. Ce grand pilote ne s'exprimait que dans l'agressivité, voire la haine. L'ambiance d'alors respirait la rancœur des écuries anglaises contre le pouvoir sportif et le reste de l'univers.

K

KUBICA Robert (Pologne)

Né le 7 décembre 1984. Le 10 août 1997, Robert Kubica (qui aura 13 ans dans moins de quatre mois) assiste au GP de Hongrie. Il s'extasie devant Jacques Villeneuve qui, sur une manœuvre très audacieuse, a gagné la course. La vocation de pilote de ce jeune Polonais s'éveille.

Neuf ans plus tard, le 6 août 2006, il dispute son premier GP dans ce cadre de l'Hungaroring, au volant d'une BMW-Sauber. Clin d'œil du destin ou pas, toujours est-il que Kubica a été engagé par Mario Theissen et Peter Sauber comme remplaçant de Jacques Villeneuve. Ce même Villeneuve qu'il avait applaudi frénétiquement en le voyant doubler Damon Hill le 10 août 1997…

La coïncidence illustre l'aspect impitoyable de la F1. En 2006, après un retour manqué, Villeneuve clôturait sa carrière et, après une longue attente, Kubica ouvrait la sienne. D'emblée, ce Polonais se distingue par sa maîtrise et sa combativité. Theissen et Sauber n'en attendent, initialement, pas plus de sa part. Ils voulaient être convaincus. Ils le sont.

En 57 GP chez BMW-Sauber, entre 2006-2009, il garnit sa carte de visite (une victoire le 8 juin 2008 à Montréal, au nez et à la barbe de Räikkönen et Hamilton) et huit podiums sur des circuits aussi différents que Sepang, Monaco, Suzuka, São Paulo, Monza, Bahreïn, Valence, etc. Il s'adapte à toutes les sortes de tracés. Sa polyvalence est son atout majeur.

Curieusement, Kubica a deux rendez-vous cruciaux avec le circuit Gilles-Villeneuve à Montréal. Le 10 juin 2007, il percute la Toyota de Jarno Trulli à près de 300 km/h. Son cockpit est totalement pulvérisé. Il s'en sort quasi miraculeusement. Il ne manque que le GP des USA le 17 juin 2007. Mais BMW l'a déjà confirmé pour 2008.

Son retour à Montréal, le 8 juin 2008, est triomphal. Kubica roule à l'affût de Räikkönen et Hamilton, survoltés. Il exploite habilement leur collision. Mais il n'en est pas assuré pour autant de l'emporter. Car Heidfeld et Coulthard lui mènent la vie dure. Il résiste jusqu'au bout. Grâce à lui, l'hymne polonais retentit pour la première fois. Il est même au commandement du championnat du monde. Il finit sa saison à égalité de points avec Räikkönen. « Montréal a effacé Montréal », dit-il avec un humour ironique qu'on ne lui connaissait pas.

Dès lors qu'il se confirme comme une valeur sûre de la génération montante, Kubica peut regarder ailleurs. Il passe chez Renault en 2010 et se distingue par sa constance (2 podiums, Monaco et Spa), son assiduité et sa méthode. « Avec Robert, on voit que le talent se lève à l'Est », dit Éric Boullier, le patron de Renault. Sa maturation est évidente et progressive. Il résiste aux sollicitations extérieures.

En 2011, il est programmé comme le fer de lance de la nouvelle entité Lotus-Renault. Son hiver 2010-2011, Kubica le passe comme les autres. En disputant des petits rallyes, ici et là, pour entretenir une passion latente jamais dissimulée.

En fait, après cinq saisons de F1, Kubica a toujours besoin de l'authenticité des rallyes, à côté de l'univers clos de la F1, pour s'épanouir. Le 31 janvier 2011, à Valence, il est présenté comme le chef de file de la nouvelle armada Lotus-Renault, riche de Vitaly Petrov, Bruno Senna, Romain Grosjean, Jan Charouz, Fairuz Fauzy, Ho-Pin Tung. Pour Gérard Lopez et Éric Boullier, Kubica est le fer de lance de ce commando hétéroclite.

Symbole très fort : le jeudi 3 février, en 95 tours d'essais privés sur le circuit Ricardo-Tormo il tire le maximum de sa Lotus Renault R 31 : en 1'13''144, sur 95 tours, il devance la meute Sutil, Button, Webber, Massa, Schumacher, etc. À 17 heures, à la nuit tombante, il s'attarde dans le motor-home Lotus-Renault, avec ses ingénieurs. Un entretien de routine en vue des nouveaux essais, une semaine plus tard, à Jerez.

Kubica se montre confiant. Il serre la main de son entourage. Il donne rendez-vous à tout le monde. Il ne s'accorde qu'une journée de détente. « Un petit rallye à Pietra Ligura, près de Gênes, dimanche », dit-il sur un ton banal. Il a loué une Skoda Fabia avec son ami Kakub Gerber.

Le drame se produit peu après 8 h 30, par un matin ensoleillé d'hiver. La Skoda Fabia S 2000 heurte le rail de sécurité dans la spéciale de Val Merula. Sous la violence du choc, le rail se fissure puis se brise. Kubica prend le rail de plein fouet sur sa droite. Il est victime de multiples fractures. Sa main droite, très abîmée, est (presque) détachée de son bras. En cinq heures, un spécialiste de microchirurgie lui recoud cette main.

Depuis ce dimanche 6 février 2011, Robert Kubica (26 ans depuis le 7 décembre 2010) est un homme en quête de résurrection…

L

LAFFITE Jacques (France)

Né le 21 novembre 1943. Quand Jacques Laffite donna à la Ligier-Matra le baptême de la course, le 25 janvier 1976 à Interlagos, il avait déjà 17 GP à son actif (chez Williams-Ford). Laffite incarnait une France conquérante animée par Guy Ligier. De fait, le 19 juin 1977 à Anderstorp (Suède), Laffite entend l'appel de sa première victoire. La France découvre un pilote rapide, entreprenant et fédérateur d'énergies.

Ligier et Laffite culminent en popularité avec les deux premiers splendides succès 1979 (Buenos Aires, Interlagos). Cette fois, Laffite est sur la voie du titre mondial. La France rêve en bleu. Ligier, l'artisan de Vichy, a construit une excellente machine avec un budget réduit. À Maranello, Enzo Ferrari et Jody Scheckter animent une terrible contre-offensive.

Laffite ne baisse pavillon qu'en fin de championnat, à Monza. Il guette ensuite un retour de la chance. Il revient chez Williams en 1983-1984, puis chez Ligier avec le turbo Renault en 1985.

Le 13 juillet 1986, à Brands Hatch, au départ du GP d'Angleterre, il est coincé dans une collision. Son 176ᵉ GP est le plus bref quant à l'accident et le plus long puisqu'il l'éloigne à jamais de la F1. Sa joie de vivre est une revanche sur la fatalité.

LARROUSSE Gérard (France)

Né le 23 mai 1940. Vainqueur très diversifié (24 Heures du Mans, 12 Heures de Sebring, Targa Florio, Tour de Corse, etc.) entre 1969 et 1974, Gérard Larrousse se familiarise avec la F1 en 1974 pendant deux GP (Belgique, France) sur une Brabham-Repco. En 1975, sur une Elf 2, il enlève le Trophée Jim Clark à Hockenheim.

Quelques semaines plus tard, il dirige Renault Sport (rallye, prototype, F1) en 1976, soit un an avant l'entrée en F1. Flegmatique, méthodique, il assume l'irruption de la Renault turbo de Jean-Pierre Jabouille à Silverstone le vendredi 14 juillet 1977. Larrousse doit affronter tous les challenges au nom de Renault : la fiabilité du turbo, la fourniture du turbo à des concurrents, l'expansion de Renault Sport, les batailles politiques de la F1...

L'échec de Prost dans le titre mondial 1983 interpelle Larrousse. Il envisage de quitter Renault. Un an plus tard, en 1984, il s'éclipse. Il n'est remplacé que par des hommes de second plan. Larrousse, quant à lui, se recycle dans le management d'une écurie en passant chez Ligier (1985, 1986), où il retrouve, entre autres, René Arnoux et Jacques Laffite. Il découvre une autre face du management.

Avec son ami Didier Calmels, il fonde son écurie en 1987. Philippe Alliot et Yannick Dalmas sont ses pilotes. Les résultats tardent à venir. Les factures, elles, ne tardent jamais. Bref, Larrousse se bat, désormais, sur le front des budgets à tenir. Non sans quelques nuits blanches.

Mais Larrousse dispute le championnat du monde de 1988 à 1994 inclus. Avec un sommet historique le 21 octobre 1990 dans le GP du Japon : Aguri Suzuki est le premier pilote japonais à monter sur le podium à Suzuki et, à ce jour, il est resté le seul. En 1994 après une saison difficile où il a dû aligner six pilotes – Comas, Beretta, Alliot, Dalmas, Noda, Deletraz –, Larrousse quitte la scène.

LAUDA Niki (Autriche)

Né le 22 février 1949. Selon une légende que Niki Lauda ne valide qu'en haussant les épaules, c'est en suivant le GP de Monaco le 3 juin 1973 qu'Enzo Ferrari repère le jeune Autrichien Lauda (24 ans) sur une poussive BRM. Il le contacte par l'intermédiaire de son directeur sportif Luca di Montezemolo et l'engage spontanément. Ferrari invite souvent Lauda dans sa petite maison de Fiorano et parle longuement avec lui.

Enzo Ferrari qui n'admire que très peu de pilotes se prend d'estime pour cet Autrichien méthodique qui mesure ses trajectoires au millimètre près et, surtout, voit en lui le pilote qui ramènera à Maranello un titre mondial qui fuit Ferrari depuis 1964 (avec John Surtees).

Avec quatre victoires (Monaco, Belgique, Suède, France), Lauda survient en position de force à Monza, le 7 septembre 1975. La pluie inonde le site avant de s'arrêter peu avant 15 heures.

Lauda qui n'est menacé que par Carlos Reutemann découvre la frénésie attisée par Enzo Ferrari lui-même. Il s'abrite derrière Regazzoni, son équipier, alors que Reutemann abandonne. La voie est dégagée pour Lauda : il lui suffit de rallier le podium pour être consacré avant le dernier GP, aux États-Unis. Et avant d'affronter une foule italienne déchaînée…

En 1977, Ferrari n'apprécie plus ce Lauda revenu de l'enfer d'un grave accident (1976) et qui ose lui tenir tête. Au plan financier, de surcroît. Le divorce latent est prononcé en milieu de saison, sans être officialisé. Ferrari a contacté Mario Andretti et Gilles Villeneuve. En tout cas, Lauda refuse de prolonger avec Ferrari. Ce qui ne l'empêche pas d'être champion du monde le 2 octobre 1977 à Watkins Glen et de tirer sa révérence à la Scuderia, pour les deux derniers GP (Canada, Japon). Cette histoire passionnée Lauda-Ferrari se termine mal.

Sept ans plus tard, en 1984, Lauda arrache son troisième titre au Portugal, avec un demi-point d'avance (72 contre 71,5) sur

125

Alain Prost. À plus de 35 ans, il ne lui reste plus qu'une saison à accomplir. Avec une 25ᵉ victoire, la dernière...

LIGIER Guy (France)

Né le 12 juillet 1930. Le sport, Guy Ligier l'avait dans la peau, dès sa prime jeunesse. Dans le maillot d'un rugbyman du RC Vichy. Avant de découvrir la F1 à 36 ans, sur Cooper-Maserati et Brabham-Repco en 1966 et 1967. D'ailleurs avant la F1, Ligier avait couru en endurance et en voitures de sport. Son pilotage lui ressemble : Ligier est plus généreux dans l'effort que maître tacticien. Il s'en moque. Il s'exprime toujours à fond.

La mort de Jo Schlesser, son meilleur ami et frère de vitesse, le 7 juillet 1968 à Rouen-les-Essarts, l'affecte profondément. Désormais, les Ligier de compétition, barquettes puis F1, seront répertoriées JS.

En accédant à la F1, le 25 janvier 1976 à Interlagos, Ligier comble le vide d'une absence française indigne d'une nation impliquée dans le sport auto. Rien n'est simple pour un artisan dans un sport où s'engouffrent les grands constructeurs. Au fil des années 1976-1996, Ligier accumule les fournisseurs moteur : Matra (1976, 1977, 1978, 1981, 1982), Renault (1984, 1985, 1986, 1992, 1993, 1994), Megatron (1987), Judd (1988), Ford (1979, 1980, 1983, 1989, 1990), Lamborghini (1991), Mugen-Honda (1995, 1996).

Au total, les Ligier arrachent neuf victoires, dont les deux dernières, Canada 1981 et Monaco 1996, à quinze ans d'intervalle. En fait, Ligier incarne autant une continuité artisanale de la F1 qu'une indépendance d'image et d'esprit. À sa manière, Guy Ligier était plus proche des artisans anglais comme Ken Tyrrell et Frank Williams que des constructeurs internationaux.

Peu importe : Ligier a suscité une énorme adhésion sur sa marque en raison de son authenticité. Lui qui n'a jamais vu une

Ligier gagner le GP de France à Magny-Cours y est maintenant dans ses meubles.

Ultime détail : sur toutes les automobiles Ligier de ville, le sigle Ligier F1 avec deux drapeaux (un bleu, blanc, rouge et un à damier) y symbolise son attachement à la course et à la France.

.

M

MANSELL Nigel (Grande-Bretagne)

Né le 8 août 1953. En juin 1977, Nigel Mansell (24 ans), en Formule Ford depuis 1973, est victime d'un grave accident à Brands Hatch. On le ramasse souffrant terriblement des vertèbres cervicales. Les médecins le condamnent à « ne plus jamais courir ». Lui qui déborde (déjà) d'agressivité et d'audace ne répond rien. Le 17 août 1980, sous le regard de Colin Chapman, le même Mansell débute pourtant furtivement en Formule 1 à Zeltweg dans le GP d'Autriche. Il se considère, de son propre aveu, comme un « rescapé de la fatalité ».

Sa carrière ne s'ouvre néanmoins que le 15 mars 1981 à Long Beach, dans le GP des USA West. Colin Chapman, le patron de Lotus, lui a ménagé un bon contrat, dans la lignée de son partenaire, l'Italien Elio de Angelis, coureur très stylé. Son contraire...

Sa première époque chez Lotus-Ford n'est qu'une longue galère. Mansell ne s'en plaint pas trop. Bagarreur d'instinct, il ne cesse d'interpeller Chapman sur ses machines. Mais Colin Chapman disparaît brutalement le 16 décembre 1982, non sans avoir négocié pour 1983 une fourniture de turbo avec Renault. Sur sa Lotus-Renault, dès le 16 juillet 1983 à Silverstone, Mansell se distingue par sa combativité organique.

Ce moustachu à la démarche remuante est effectivement l'un des plus furieux bagarreurs jamais rencontrés sur les circuits. Il attaque en permanence. Les accidents ne l'épargnent pas. Mais

Mansell s'en moque car une rare impression d'invulnérabilité émane de sa silhouette, systématiquement en mouvement.

À l'été 1984, son sort chez Lotus est réglé : Peter Warr, le successeur de Chapman, doit donner un volant à Ayrton Senna, le grand espoir brésilien, sur l'insistance (discrète) de Renault. Et comme il n'est pas question de licencier De Angelis, c'est Mansell qui trinque. Poussé sur la touche, Mansell ne s'y attarde pas longtemps. Frank Williams, émoustillé par tout pilote anglais, l'a déjà contacté dans la perspective d'une Williams-Honda. Mansell n'a jamais trouvé d'interlocuteur plus compréhensif dans sa carrière…

Le 6 octobre 1985, à Brands Hatch, Mansell est sur la plus haute marche du podium en compagnie de Senna et Rosberg, et aussi d'Alain Prost, à titre exceptionnel, car mathématiquement champion du monde. Mansell (32 ans) a attendu 72 GP pour savourer cette joie. « Maintenant, il ne va plus s'arrêter », prédit Williams, très confiant en son pilote. Chez Williams-Honda, on le définit ainsi : « Avec lui, ça passe ou ça casse. »

Mansell ne résiste pas à la tentation Ferrari en 1989. Son entrée en matière, le 26 mars 1989 à Rio de Janeiro, est triomphale. Les querelles intestines de Maranello ruineront ses chances pour le titre mondial. L'arrivée de Prost dans la Scuderia en 1990 lui convient encore moins. « J'ai besoin de me sentir aimé », glisse-t-il, très sérieux. Conséquence : Williams « rapatrie » Mansell en lui proposant le fameux moteur Renault. Avec une grandiose épopée à la clé. En 1991. Mansell défie Senna pour le titre et ne s'incline que par cinq victoires contre sept. En 1992, Mansell pulvérise le record des succès en une saison (9) et écrase Senna (3). Son premier titre mondial sera le seul.

L'Anglais (39 ans le 8 août 1992) regrette un déficit de considération à son égard. Il s'estime sous-payé. Roxane, son épouse, le presse de se retirer ou, à défaut, de jouer une ultime chance (en or massif) aux États-Unis. En plus, Mansell se voit sous le double feu d'Alain Prost et d'Ayrton Senna captivés par le moteur Renault. C'en est trop pour lui.

En 1994, Mansell revient chez Williams-Renault pour quatre GP (dont une victoire à Adélaïde en clôture du championnat).

Au nom de Renault Sport, Patrick Faure l'a appelé pour stimuler une écurie déstabilisée par la disparition de Senna, le 1er mai 1994 à Imola. Toujours aussi bagarreur que lors de ses débuts, Mansell savoure cette ultime sollicitation.

Sa fierté c'est d'avoir gagné à Adélaïde, le 13 novembre 1994, en sachant que Frank Williams et Patrick Faure n'ont pas besoin de lui pour 1995. Au passage, pour répondre à une ultime sollicitation (*bis*), Mansell dispute deux GP (Saint-Marin, Espagne) les 30 avril et 14 mai 1995 chez McLaren-Mercedes. À oublier. Par contre, lui n'oublie jamais de répéter : « En 1977, j'étais interdit de compétition... »

MONACO

Le GP de Monaco, né le 21 mai 1950, présente la double particularité de s'être déroulé chaque année depuis le 22 mai 1955 sans aucune interruption et, surtout, de ne jamais avoir changé de tracé au cœur de la principauté de Monaco et de l'agglomération de Monte-Carlo.

Le 13 mai 1950, les souverains anglais avaient assisté au GP d'Angleterre à Silverstone. Depuis lors, ils ne sont pas revenus. Par contre, la tribune officielle de Monaco accueille toujours la famille princière, génération après génération, pour chaque GP. Rainier III de Monaco était pilote à ses moments perdus (sous un nom d'emprunt). Albert de Monaco n'est pas tourné vers les sports mécaniques mais il est inconditionnel de la F1 (et aussi du Rallye Monte-Carlo).

Dans une nation comme la Principauté, le GP de Monaco est le fil rouge (et blanc) d'une légende sportive plus riche, heureusement, en hautes péripéties sportives que dramatiques. Le pilotage en milieu urbain est spécifique. L'accident de Lorenzo Bandini, le 7 mai 1967, déclencha des polémiques universelles sur la nature même de la course, entre les immeubles et le port.

Enzo Ferrari, spécialement venu de Maranello pour la levée du corps de Bandini dans son appartement, fut immobilisé

131

quelques heures dans l'ascenseur vers les étages supérieurs de la résidence ultramoderne de Bandini.

Le Commendatore en conçut une telle frayeur rétrospective que, de toute sa vie (de 1967 jusqu'en 1988), il n'emprunta jamais plus un ascenseur, que ce soit en Italie ou ailleurs.

Si, au fil des années, le GP de Monaco est devenu une manifestation essentielle – dans le sport mondial –, à la fois en terme d'image et de performance par les qualités exigées de son vainqueur, c'est bien parce que la magie du cadre monégasque et les conditions imposées aux pilotes débouchent sur un spectacle d'exception.

Dès lors que la F1 avait acquis droit de cité en Principauté et, en plus, valeur d'exemple, les imitations n'ont pas manqué de surgir à travers le monde. Des imitations souvent devenues des contrefaçons.

Les GP en milieu urbain comme Long Beach, Detroit, Dallas, Las Vegas (aux USA), Melbourne (Australie) Mexico City (Mexique), Valence (Espagne) ont eu le mérite d'exister, ne serait-ce qu'un temps. À l'inverse des GP de Moscou, Rome et Paris, monuments de virtualité...

Détail : en 2011, Bernie Ecclestone a relancé l'idée d'un GP de New York. Ce projet qui n'est pas inédit reste attrayant. Autre détail : en 1981, dans son projet de calendrier de la « World Federation of Motor Sport », ce GP de New York était programmé pour le 2 mai 1981. S'il avait eu lieu, on s'en souviendrait...

Retour en Principauté. À Monaco, à l'occasion du GP, les tarifs usuels ont l'habitude d'exploser ; cette pratique n'est pas propre à Monaco. La principale contrainte se situe dans la durée du séjour : les trois jours habituels (vendredi, samedi, dimanche) passent à quatre (avec le jeudi en plus et le vendredi libre). Cette tradition, articulée autour du jeudi de l'Ascension, ne déplaît pas nécessairement aux techniciens, qui apprécient un vendredi post-premiers essais pour réparer ou mettre au point les monoplaces.

Aujourd'hui, le GP de Monaco n'épouse plus, automatiquement, le week-end de l'Ascension. Mais il continue de s'étaler sur quatre jours.

Mais Monaco présente une autre essentielle particularité : être un point politico-sportif ultrasensible. Pendant la période du GP, toute la politique présente ou future de la F1 se discute et se négocie dans plusieurs endroits stratégiques de Monaco comme l'Hôtel de Paris (surtout son bar), l'hôtel Hermitage (surtout dans les suites qui donnent sur le circuit), le Café de Paris, l'hôtel Fairmount (ex-Loew's), le Grimaldi Forum, l'ultraraffiné Yacht Club, le restaurant Chez Gianni, le bar du Tip Top, qui abrite les enchères les plus folles sur le GP, et surtout le restaurant Rampoldi où les tables sont réservées d'une année sur l'autre, etc.

Pendant deux décennies, la Principauté accueillit au Sporting d'Été la cérémonie de remise des prix des championnats du monde de la FIA, en complément du Conseil mondial de la FIA, non moins traditionnel. Jean Todt, le successeur (en 2010) de Max Mosley à la tête de la FIA, a mis fin à cette localisation.

Peu importe. Monaco demeure le point le plus névralgique de toute l'histoire de la F1. D'hier à aujourd'hui et, surtout, à demain…

De tous les GP périodiques du championnat, celui de Monaco est le seul à se dérouler dans des installations provisoires, spécialement montées pour l'événement, dans un environnement urbain.
Voici quelques références

ÉVÉNEMENTIELLES

– Les tribunes provisoires proposent 22 000 places.
– 12 000 places sont disponibles sur la colline.
– Les fenêtres des appartements et des hôtels échappent à l'organisateur. Évaluation : 10 000 spectateurs.
– Les spectateurs sur les yachts : 4 000.
– Globalement, le GP de Monaco attire, sur ses quatre jours, 200 000 spectateurs et visiteurs environ.
– À ce jour, en 2011, quinze écuries se partagent le privilège d'avoir gagné le GP.
– Pour information en 1950, Juan Manuel Fangio avait réussi la pole en 1'50''2. En 2010, Mark Webber a signé la pole en 1'1'13''8. L'écart entre Fangio et Webber dépasse 36''…

…

133

...

En s'alignant, le 22 mai 1955, au départ du GP de Monaco sur une Lancia, Louis Chiron devient, à 55 ans, 9 mois, 19 jours, le pilote le plus âgé de l'histoire de la F1.

PRATIQUES

– 554 mètres de barrières Tecpro autour du tracé.
– 10 grues de dépannage.
– 331 kilomètres de rails de sécurité (en dépôt).
– 20 000 mètres carrés de grillage.
– 8 structures médicales.
– 25 ambulances.
– 2 hélicoptères de secours.
– 36 spécialistes de réanimation.
– 18 médecins urgentistes.
– 35 infirmiers.
– 80 secouristes.
– 650 commissaires (tous volontaires).
– 43 postes d'intervention.
– 32 caméras TV de surveillance.
– 500 extincteurs (soit un extincteur tous les 5 km).
– 6 500 pneus de dégagement.
– 3 véhicules de désincarcération.
– 7 véhicules d'intervention rapide.

MOSS Stirling (Grande-Bretagne)

Né le 17 septembre 1929. Entre 1955 et 1961, soit sept années, Stirling Moss se classe quatre fois deuxième du championnat (1955, 1956, 1957, 1958) et trois fois troisième (1959, 1960, 1961). Cette présence derrière la brochette Fangio (1955, 1956, 1957), Mike Hawthorn (1958), Jack Brabham (1959, 1960) et Phil Hill (1961) illustre une réelle continuité au sommet dans une demi-douzaine d'écuries (Mercedes en 1955, Maserati et Vanwall en 1956, 1957, Cooper-Climax et Vanwall en 1958, les mêmes avec BRM en 1959, Cooper et Lotus-Climax en 1960, 1961).

En l'espace de 66 GP, Moss aurait pu être plusieurs fois champion du monde (avec 16 victoires). À cette époque, Moss, issu d'un milieu social aisé, ne considérait la course que comme un dérivatif rémunérateur.

Champion sans titre, roi sans couronne, battu magnifique, Stirling Moss a accumulé les clichés. En définitive, sa place dans l'histoire de la F1 n'est pas marginale. Il aurait mérité mieux et plus. Cela dit, Moss n'a jamais oublié qu'il aurait pu perdre la vie le 11 juin 1955 au Mans. Équipier de Fangio, il n'était pas en piste à l'instant du drame.

N

NUMÉROS 1

Au départ du GP d'Abu Dhabi, le 14 novembre 2010, ils étaient quatre champions du monde : Michael Schumacher (41 ans, 91 victoires, 7 titres), Fernando Alonso (29 ans, 26 victoires, 2 titres), Lewis Hamilton (25 ans, 17 victoires, 1 titre), Jenson Button (30 ans, 9 victoires, tenant du titre).

À l'arrivée, ils étaient cinq champions du monde : l'Allemand Sebastian Vettel était même le plus jeune champion du monde de l'histoire de la F1 (23 ans 134 jours) avec un total général de 10 victoires (depuis 2007).

Pour la première fois depuis 1970, cinq champions du monde disputeront le championnat 2011. En 1968, ils avaient été également cinq champions du monde en lice.

Mais, depuis 1950, huit championnats seulement avaient été disputés avec quatre champions du monde.

Quoi qu'il en soit, à quatre ou cinq champions du monde en lice, l'affaire devient toujours compliquée.

Voici les deux saisons avec cinq champions du monde au départ :

1968 : Jack Brabham (Brabham-Repco), Graham Hill (Lotus-Ford), Dennis Hulme (McLaren-BRM, McLaren-Ford), Jim Clark (Lotus-Ford), John Surtees (Honda).

Rappel : le 1er janvier 1968, Jim Clark (Lotus-Ford), champion du monde 1963 et 1965, avait remporté le premier GP du championnat en Afrique du Sud. Il s'était tué le 7 avril 1968 à Hockenheim dans une course de F2.

1970 : Jack Brabham (Brabham-Ford), Graham Hill (Lotus-Ford), Dennis Hulme (McLaren-Ford), Jackie Stewart (March-Ford et Tyrrell-Ford), John Surtees (McLaren-Ford, Surtees-Ford).

Voici les dix saisons avec quatre champions du monde :

1964 : Jack Brabham (Brabham-Climax), Jim Clark (Lotus-Climax), Graham Hill (BRM), Phil Hill (Cooper-Climax).

1965 : Jack Brabham (Brabham-Climax), Jim Clark (Lotus-Climax), Graham Hill (BRM), John Surtees (Ferrari).

1966 : Jack Brabham (Brabham-Climax), Jim Clark (Lotus-Climax), Graham Hill (BRM), John Surtees (Ferrari, Cooper-Maserati).

1967 : Jack Brabham (Brabham-Repco), Jim Clark (Lotus-BRM, Lotus-Climax, Lotus-Ford), Graham Hill (Lotus-BRM, Lotus-Ford), John Surtees (Honda).

1971 : Graham Hill (Brabham-Ford), Dennis Hulme (McLaren-Ford), Jackie Stewart (Tyrrell-Ford), John Surtees (Surtees-Ford).

1972 : Graham Hill (Brabham-Ford), Dennis Hulme (McLaren-Ford), Jackie Stewart (Tyrrell-Ford), John Surtees (Surtees-Ford).

1979 : Mario Andretti (Lotus-Ford), Emerson Fittipaldi (Copersucar-Ford), James Hunt (Wolf-Ford), Niki Lauda (Brabham-Alfa).

1985 : Alan Jones (Lola-Haas-Hart), Niki Lauda (McLaren-TAG), Nelson Piquet (Brabham-BMW), Keke Rosberg (Williams-Honda).

1986 : Alan Jones (Lola-Haas-Hart), Nelson Piquet (Williams-Honda), Alain Prost (McLaren-TAG), Keke Rosberg (McLaren-TAG).

1999 : Mika Häkkinen (McLaren-Mercedes), Damon Hill (Jordan-Mugen-Honda), Michael Schumacher (Ferrari), Jacques Villeneuve (BAR-Supertec).

Pour complément, voici les champions du monde de ces différentes années :

1964 : John Surtees (Ferrari).

1965 : Jim Clark.

1966 : Jack Brabham.

1967 : Dennis Hulme.

1971 : Jackie Stewart.

1972 : Emerson Fittipaldi (Lotus).

1979 : Jody Scheckter (Ferrari).

1985 : Alain Prost.

1986 : Alain Prost.

1999 : Mika Häkkinen.

Un champion du monde en activité arbore le n° 1 sur le museau de sa monoplace. Il ne le porte que l'année qui suit sa consécration mondiale mais il le conserve s'il garde son titre.

Même si, mathématiquement, un pilote est champion du monde, il ne reçoit le n° 1 qu'après la clôture du championnat en cours et la validation officielle de son titre.

En 1985, en enlevant, mathématiquement, son premier titre mondial à Brands Hatch, le 6 octobre 1985, Alain Prost était champion du monde théorique dans les deux ultimes GP (en Afrique du Sud le 19 octobre 1985, et en Australie le 3 novembre 1985).

Ainsi donc, en prenant une certaine liberté avec les règlements, les statisticiens pourraient établir que les deux derniers GP 1985 comprenaient cinq champions au monde au départ. Ce décompte n'est pas régulier...

Ces précisions servent à prévenir toute contestation.

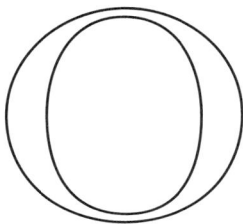

O

OLD BOYS

C'est le club le plus secret de la F1. Il n'a aucun siège social. Il n'existe qu'en fonction de Bernie Ecclestone, plus anglais que tous les autres citoyens anglais répartis sur la surface de la planète.

Dans les milieux sportifs anglais, le concept des Old Boys (vieux garçons) illustre une amitié durable entre hommes d'une même génération, attachés à une même discipline, et complices d'une aventure partagée[1].

Ces Old Boys, arrivés en F1 dans les années 1970-1980, ont suivi Ecclestone dans sa conquête du pouvoir. Leurs liens réciproques dépassent ce que l'on imagine. Il est aussi arrivé (fréquemment) à Ecclestone d'aider financièrement ces Old Boys dans les moments difficiles. Sans profiter de l'occasion pour entrer dans le capital de telle ou telle écurie.

Ecclestone est assez intelligent pour savoir qu'un service de survie (par exemple) vaut une immortelle reconnaissance en certaines circonstances.

Plusieurs Old Boys ne sont plus de ce monde : Teddy Mayer, Colin Chapman, Ken Tyrrell, Tom Walkinshaw, Derek Gardner, Peter Warr, etc.

---

1. En France, Philippe Chatrier fonda, dans les années 1959-1960, les Hertet Old Boys, tous issus du rugby, en hommage au journaliste Robert de Thomasson (RT = Hertet) disparu dans un accident d'automobile.

141

Pour la plupart, ils sont opérationnels comme Frank Williams, Patrick Head, Eddie Jordan, Ron Dennis, Max Mosley (qui fut cofondateur de l'écurie March), Jackie Oliver, Sid Watkins, Herbie Blash, Charlie Whiting, Alan Woodward, etc.

Cette confrérie née sur le principe d'une bataille à gagner sur le pouvoir sportif (la FIA) avant de lui proposer un compromis opérationnel ne fonctionne qu'au gré des circonstances. À titre d'exemple, les Old Boys se sont retrouvés le 4 février 2011 pour les obsèques de Tom Walkinshaw à Gloucester.

ORDRES D'ÉCURIES

Consignes ou ordres d'écuries, peu importe la formulation. Pendant des lustres, le principe des consignes d'écuries était interdit.

Cette mesure préventive découlait d'une interprétation de haute signification : donner un ordre susceptible d'une interprétation publique (et spontanée) pouvait laisser croire à une manipulation de la course et, par extension, à une tromperie absolue vis-à-vis du public présent dans les tribunes, des téléspectateurs, des médias, etc.

En plus, l'exécution de cet ordre entraînerait, en corollaire, une vaste complicité à ciel ouvert entre les pilotes, les patrons d'écuries, les commissaires, etc.

Bref, chacun en prenait pour son grade. Devant cette situation, le pouvoir sportif se sentait impuissant.

Mais il est évident que, depuis le 13 mai 1950, jour du premier GP d'Angleterre, les patrons d'écuries n'avaient jamais perdu l'occasion de « donner des ordres » à leurs pilotes en certaines occasions précises, plus ou moins importantes.

L'essentiel résidait, par enchaînement, dans la meilleure manière de dissimuler ces ordres d'écuries dans le feu de l'action. Il suffisait, par exemple, d'un ralentissement délibéré, d'un retour au stand (sollicité ou pas) pour un ravitaillement de carburant ou un changement de pneu pour occulter la réalité et sauver les apparences, etc.

C'était, peut-être, primaire mais, au fond, ça ne marchait pas si mal...

Le dénominateur commun de ces ordres d'écuries était simplement d'ordre tactique. Il s'agissait pour un pilote de « laisser passer » son équipier en certaines circonstances répertoriées : assurer un doublé à l'écurie dans un ordre fixé par le stand, lancer un des deux pilotes à l'assaut d'un adversaire avec de meilleures chances que son partenaire, récupérer quelques points supplémentaires dans un classement intermédiaire, etc.

En soi, l'exécution de cet ordre pouvait évidemment être jugée comme « nuisible au spectacle et à la régularité de la course ».

Autrement dit, l'intérêt de l'équipe devait, en toutes circonstances, passer au second plan pour garantir la notion d'une course sans la moindre ombre. Excessif, non ?

À l'usage, cette notion ne résistait pas aux impératifs stratégiques d'un « premier » pilote, d'une écurie, d'une construction, d'un sponsor, etc. Bref, de tous ceux qui, à quelque degré que ce soit, interviennent dans l'existence et le développement d'une écurie.

La jurisprudence du terrain en la matière était assez flottante. Chaque situation se présentait, en fait, comme un cas d'espèce. Le retour sur certaines situations, étalées au grand soleil de l'actualité d'une course, est instructif.

Le 25 juillet 1982, sur le Paul-Ricard, René Arnoux, en tête, refuse de céder le passage à Alain Prost, son équipier de Renault, mieux placé que lui pour la fin du championnat (dans 5 GP). Les ordres sont pourtant brandis par Jean Sage, sur consigne de Gérard Larrousse. Arnoux s'en moque. Pour faire bonne mesure, il remportera en plus le GP d'Italie. Aucune sanction officielle.

Le 12 mai 2002, à Zeltweg, dans le GP d'Autriche, Barrichello mène allègrement après avoir pris le départ en pole position. Barrichello refuse longtemps de laisser passer Michael

Schumacher, son équipier chez Ferrari, champion de monde en titre. Le doublé Ferrari Schumacher-Barrichello soulève la colère du public. La FIA intervient pour sanctionner Ferrari, au plan financier.

Le 25 juillet 2010, à Hockenheim, dans le GP d'Allemagne, Massa, brillant leader depuis le départ, s'efface devant Alonso après des échanges verbaux avec son stand. Le doublé Alonso-Massa interpelle l'opinion. La FIA inflige à Ferrari une amende de 100 000 dollars, sans remettre le classement en cause.

Entre Massa, qui a manqué deux titres mondiaux de justesse (2007, 2008), et Alonso, qui a gagné deux titres mondiaux (2005, 2006), la hiérarchie est évidente.

Néanmoins, le réveil des polémiques stériles sur cette éternelle affaire des ordres d'écuries interpelle le pouvoir sportif. Et, après plusieurs décennies d'anomalies, de discussions et d'échanges multiples, de basses contestations, le bon sens a (enfin) fini par triompher.

En guise de cadeau de Noël 2010 à ses licenciés, le Conseil mondial a supprimé l'article 39 du règlement sportif qui interdisait les ordres d'écuries. C'était aussi simple que ça. Fallait-il, simplement, oser renoncer à une fausse contrainte illusoire…

Néanmoins, la FIA a spécifié que tout procédé frauduleux ou manœuvre déloyale étaient interdits. Cette liberté d'appréciation est un sérieux barrage.

P

PADDOCK

La traduction de ce terme anglais est double :

1/ Enceinte pour les poulinières et leurs pur-sang.

2/ Enceinte réservée où les chevaux sont promenés en main.

Dans les deux cas, nous sommes loin de l'enceinte de travail installée au centre d'un circuit et dans laquelle on n'accède qu'avec des cartes électroniques.

En fait, le paddock est un centre opérationnel où se retrouvent et travaillent ensemble des techniciens, des dirigeants, des partenaires commerciaux, des médias, des officiels, des invités ponctuels, etc.

Par déclinaison, le Paddock Club est l'enceinte d'accueil réservée aux sponsors pour leurs opérations de relations publiques. Créé en 1984 à Dijon-Prenois pour le GP de France, dérivé du fameux « Village » de Roland-Garros (fondé en 1978 pour les Internationaux de France), le Paddock Club se caractérise par son uniformité de confort et de raffinement.

Isabelle Kauffmann, sa directrice, assure : « Notre pari permanent sur tous les GP, c'est de recevoir 5 000 invités en trois jours dans des conditions parfaites. »

PANIS Olivier (France)

Né le 2 septembre 1966. Pour exposer ses ambitions, le jeune Olivier Panis expliquait, de son accent alpin traînant en souriant : « J'ai appris à gagner à chaque étape du sport auto, en Formule Renault, en Formule 3 puis en Formule 3000... » Il était son propre prophète. Depuis son entrée en F1, le 27 mars 1994 à São Paulo, sur Ligier-Renault, il n'appartenait à Olivier Panis que de justifier cette confession en forme de prédiction. Un jour ou l'autre ?... Peu importait. Néanmoins, le plus tôt serait le mieux.

Dans les premiers jours de décembre 1994, d'énormes caisses en provenance du Japon sont rangées dans les ateliers Ligier à Magny-Cours. Les premiers moteurs Mugen-Honda destinés à l'écurie française, pour 1995, sont arrivés. Les expéditeurs nippons ont ajouté des messages manuscrits (en anglais) dans ces caisses. Panis termine ce championnat du monde 1995 avec un total de 16 points. En milieu de tableau.

Ce Grenoblois, dont le partenaire est Aguri Suzuki, l'idole du Japon, est peu expansif, méthodique et opiniâtre. Il croit en lui. Même s'il n'est pas superstitieux, il considère comme un signe prémonitoire d'aborder le championnat 1996 en marquant un point à São Paulo, le 31 mars. Ce n'est qu'un symbole. Une entrée en matière.

Son partenaire chez Ligier-Mugen-Honda ne cherche pas à le stimuler. Pedro Diniz, le fils d'un milliardaire brésilien, n'est à ses côtés qu'en mission de complément. Il ne nourrit aucune ambition. Pour Panis, c'est confortable. Sans plus. Il accorde au point glané à Interlagos une importance que lui seul perçoit. Il avait raison mais il n'avait pas encore eu l'occasion de le démontrer.

« J'attendais quelque chose mais j'avais en même temps beaucoup de mal à rester patient », confie Panis, radieux, sur ce ton uniforme qui le caractérise, en fin de journée du dimanche 19 mai 1996 dans la chambre 812 du Beach Plaza Hotel, à Monaco.

Il est joyeux, heureux, détendu mais sans excès. Il est pourtant, ce jour-là, le premier Français vainqueur du GP de Monaco depuis Alain Prost, le 15 mai 1988. Huit ans plus tôt. À l'époque, Panis allait sur ses 22 ans. En 1996, il se sent rajeuni. Sa course défile dans son regard. Il n'était parti qu'en seizième position, mais avec un réservoir rempli à ras bord (145 l) pour rallier le drapeau à damier d'une seule traite. « Il me suffisait, si j'ose dire, de rouler à mon train, en évitant les pièges », raconte-t-il bien plus tard, en rationalisant sa course. « L'émotion en moins, ça aide », sourit-il devant cette évocation.

Au fil des tours, la Ligier-Mugen-Honda n° 9 remonte vers la tête pendant que les abandons s'enchaînent. À seize tours du drapeau à damier, Panis emmène quatre poursuivants : Coulthard, Herbert, Frentzen, Salo. Sans rien leur concéder.

Devant son écran de TV, Guy Ligier explose. Sur place, Panis et les siens exultent. « Jamais je n'ai connu ça », lance Panis, vainqueur (enfin) après trente-huit courses. Désormais plus rien n'est pareil pour lui. En 1997, il est promu leader de Prost-Mugen-Honda, écurie de développement de Bridgestone. Le 25 mai 1997, à Barcelone, Panis finit deuxième, premier des Bridgestone. Le duo Prost-Panis devient l'atout majeur de Mugen-Honda et de Bridgestone. Des contrats sont signés.

Catastrophe : le 15 juin, le grave accident de Panis à Montréal (double fracture tibia-péroné) détruit le plan Bridgestone-Prost-Panis. L'écurie française perd le budget de développement prévu (17 millions de dollars). Cesare Fiorio, le team manager, soupire : « Olivier allait gagner le GP de France… »

Traduite en clair, cette phrase prophétise le déclin de Prost GP. Après trois saisons avec Prost GP, Panis poursuit chez BAR-Honda et Toyota, avec un intermède chez Mercedes. Il a toujours été apprécié. Comme homme et comme pilote. Son autre victoire.

PESCARA

Ce GP de Pescara (Italie), que l'on découvre en date du 18 août 1957 et qui n'a jamais connu de deuxième édition, vient de nulle part. Il a été créé en 1957 sur une initiative locale, extérieure aux autorités fédérales d'alors mais acceptée par elles.

Curiosité : ce circuit de... 25,838 km (!) se situait dans la région des Abruzzes, à 210 kilomètres de Rome. Il comportait deux très longues lignes droites et formait un triangle isocèle.

Il avait été accepté au calendrier, en plein mois d'août, uniquement parce que le programme du championnat 1957 ne comportait (Indianapolis compris) que sept GP.

Juan Manuel Fangio avait établi la pole performance sur Maserati en... 9'44'' devant Moss et Musso.

Stirling Moss l'emporta avec 3'13'' d'avance sur Fangio et 6'46'' sur Schell, etc. Sur les 16 partants, ils n'étaient que 7 à l'arrivée...

PESCAROLO Henri (France)

Né le 25 septembre 1942. Le 12 juin 1972, jour de sa première victoire aux 24 Heures du Mans (avec Graham Hill sur Matra), à quelqu'un qui lui demandait sa prochaine ambition, Henri Pescarolo répond, d'une voix murmurée : « Avoir un bon volant en F1. » Bref, Pescarolo avait beau avoir gagné Le Mans, il gardait la nostalgie d'une carrière en F1...

En effet, il a conduit des monoplaces Matra (1968, 1969, 1970), March (1971, 1972, 1973), Iso-Ford (1973), BRM (1974), Surtees (1976) en poursuivant le rêve d'une grandiose consécration qu'il obtint au Mans, avec un sensationnel tiercé 1972-1973-1974 sur Matra et un succès d'artisan en 1984 avec Porsche. Au total des participations, Pescarolo culmine à trente-trois, tout en restant toujours présent d'une manière ou d'une autre.

Au fond, il n'a jamais ressenti en F1 les sensations plénières éprouvées au Mans. Ce garçon méthodique tranchait sur les impulsifs de sa génération. Mais la F1 ne lui a jamais franchement souri. Pour avoir longtemps dirigé la filière Elf au Mans, Pescarolo a rendu à la F1 bien plus qu'elle ne lui a donné. C'est la vie…

PIQUET Nelson (Brésil)

Né le 17 août 1952. Quand il se glisse dans le cockpit d'une modeste Ensign, le 30 juillet 1978 à Hockenheim, le jeune Brésilien Nelson Souto Maior (26 ans) a changé d'identité : il s'appelle Nelson Piquet (le nom de sa mère) pour ne pas indisposer son père, diplomate en poste à San Francisco. Quatre GP plus loin, le 21 janvier 1979, il s'aligne chez Brabham Parmalat en partenaire de Niki Lauda. Il marque ses premiers points en finissant à Zandvoort au pied du podium, le 26 août 1979.

Bernie Ecclestone, le patron de Brabham, a décelé en Piquet un fameux combattant, qui tire le maximum de l'effet de sol. Sa première victoire à Long Beach, le 30 mars 1980, sonne les trois coups de son entrée sur la scène internationale. Dix-huit mois plus tard, exactement, le 17 octobre 1981, il profite des méandres d'une saison compliquée pour débarquer à Las Vegas, en clôture du championnat, dans le trio des prétendants au titre, derrière Carlos Reutemann (Williams, 49 points) et devant Laffite (Ligier-Matra, 47 points).

Une lourde chaleur accable le Nevada. Le tracé Mickey Mouse du GP l'éprouve. Il porte une minerve pour neutraliser les conséquences physiologiques de cet infernal tracé. Il va jusqu'au bout de l'épuisement pour gagner le titre mondial d'un point. Sur le chemin du podium, il titube de fatigue. Mais Piquet entre dans l'histoire devant Reutemann (50-49).

Il devient même le champion du monde des années impaires : 1981 annonçait Kyalami 1983 et Suzuka 1987. À Kyalami, Piquet et Riccardo Patrese, son équipier, s'imposent avec des turbos supervitaminés. Renault ne porte pas de réclamation. Le

149

matin de ce GP d'Afrique du Sud, Piquet croise Prost dans les couloirs du Kyalami Ranch. Ils échangent trois mots. Piquet n'en a pas besoin de plus pour raconter que Prost se sent « battu d'avance ». Tel quel, décontracté et mordant, Piquet, redoutable prédateur, fonce sur tout ce qui bouge. Gordon Murray, l'ingénieur de Brabham, ne jure que par lui. Et réciproquement.

Frank Williams et Marco Piccinini se disputent Piquet. Dans la nuit du 17-18 août 1985, Piquet rencontre Williams dans un parking (confidentiel) de Zeltweg, en Autriche. Il signe pour Williams-Honda. Piccinini l'attendait ailleurs…

Williams monte un duo Mansell-Piquet, avec le turbo Honda, pour neutraliser l'opposition Ferrari-McLaren. Ce duo est un duel permanent. Le désastre les attend à Adélaïde en clôture du championnat. Leur mésentente persiste en 1987 mais l'accident de Mansell à Suzuka donne le titre à Piquet, à une étape de la fin. Détail : Piquet a conquis trois titres mondiaux en ne remportant, en ces occasions, que trois GP, Argentine, Saint-Marin, Allemagne en 1981, Brésil, Italie, Europe en 1983, Allemagne, Hongrie, Italie en 1987.

Garçon attachant, maître tacticien et grand bagarreur, Piquet ne pouvait jamais s'empêcher d'agrémenter son comportement de propos acerbes, ironiques, blessants, déstabilisants. Il racontait aussi le pire sur ceux qu'il n'aimait pas, à commencer par Ayrton Senna. Un jour, il confia, sous le sceau d'un secret amplement partagé, qu'il ne pouvait pas s'empêcher de balancer des propos malsonnants juste pour tester les réactions de ses interlocuteurs.

En fait, fameux pilote, Nelson Piquet éprouvait banalement le besoin d'être considéré comme un… provocateur permanent. La parole n'était qu'une arme, parmi d'autres, dans un arsenal bien rempli. À le rencontrer, le cheveu généreux, le sourire aussi carnassier que naguère, Nelson Piquet est sa propre caricature. Il est prisonnier de son personnage.

PIRONI Didier (France)

Né le 26 mars 1952 et décédé le 23 août 1987. Le vendredi 6 août 1982, à Hockenheim, après avoir dominé les qualifications du GP d'Allemagne, Didier Pironi rêvait tout haut dans son motor-home personnel. Il menait confortablement le championnat (39 points contre 30 à John Watson) avec deux victoires (Saint-Marin, Hollande) et quatre podiums. Sa Ferrari atteignait son maximum. Il se voyait en potentiel champion du monde. Au point de lâcher : « Si je suis champion du monde, je m'arrêterai peut-être… »

Didier-le-méthodique envisageait de stopper sa carrière pour reprendre une grande entreprise du BTP.

Le lendemain matin, sous une pluie torrentielle, Pironi percute la Renault d'Alain Prost et s'envole dans une folle cabriole. Pironi est grièvement blessé. Son rêve mondial s'écrase en même temps que sa machine rouge.

Jamais un Français n'était en position aussi favorable pour le titre mondial. Au lieu de ça, Pironi, qui se préserve de l'amputation en interpellant son chirurgien, n'est plus qu'un homme diminué. Après la mort de Villeneuve, Enzo Ferrari avait adulé Pironi en champion du monde anticipé, au nom de la suprême continuité de Ferrari. Au lieu de cette perspective exaltante, Pironi a tout perdu en un éclair…

PNEUS

Dès le premier GP, la F1 est devenue le championnat du monde des manufacturiers de pneus. Dans la première décennie (1950-1960), les Italiens de Pirelli dominaient les opérations, en quasi-monopole. Seuls les 500 Miles d'Indianapolis (alors intégrés dans le championnat du monde) enregistraient des concurrents équipés de pneus Firestone, réservés au marché américain.

L'entrée de Pirelli en F1 interpelle assez ses rivaux européens pour que les Belges d'Englebert disputent une saison expérimentale en 1952 avant de s'éclipser et de réapparaître sporadiquement en 1956 et 1958.

Entre-temps, les Allemands de Continental s'étaient, eux aussi, intéressés à la F1 dès 1954 puis en 1955-1956, avec des fortunes diverses.

Ces approches dispersées n'entraînaient qu'une communication précaire, à base d'exploitation publicitaire ciblant les usagers. Les manufacturiers peinaient à se positionner dans le paysage de la F1.

L'importance des pneus en F1 était relative, en comparaison avec les incontournables 24 Heures du Mans.

Pirelli s'étant retiré en 1957, l'irruption de Dunlop en 1958 perdit son exclusivité avec l'arrivée de Firestone, en attente de renommée en dehors du marché américain. Et récompensé de sa participation dès le GP d'Italie 1966 alors que Dunlop raflait tout depuis 1958.

La rivalité des manufacturiers n'acquit une réelle consistance qu'avec l'empoignade Firestone-Dunlop de la fin des années 1960. Au-delà des victoires, un réel message à destination des usagers prenait forme. Les informations techniques ne circulaient pas.

Fallait-il transformer la F1 en banc d'essai des pneumatiques ? L'idée qui germait chez Michelin avait besoin d'une grande occasion pour se cristalliser.

En attendant 1978, l'entrée de Michelin aux côtés de Renault avec le challenge du pneu radial, Dunlop resta en flèche avec, en apothéose, le premier titre mondial de Jackie Stewart (sur Matra-Elf-Ford) en 1969. Curieusement d'ailleurs, Dunlop, partenaire attitré de Tyrrell et de Ford, se retira de la F1. Jackie Stewart négocia directement un contrat de fourniture chez Goodyear à Akron (Ohio). Ce qui n'était qu'une péripétie devint une référence.

L'expansion de Goodyear déboucha sur une longue période de suprématie et de concurrence.

L'arrivée de Renault en F1 en 1978 s'accompagnait de deux innovations, celles du moteur suralimenté et des pneus Michelin à carcasse radiale. Le duel Goodyear-Michelin dura jusqu'en 1984, année du retrait de Renault. Bien entendu, Michelin était sollicité par d'autres écuries.

Entre 1978 et 1984, Michelin totalise 59 victoires contre 52 à Goodyear. Il y a beaucoup de mouvements d'écuries entre les deux marques.

Le monopole Goodyear de 1985-1997 ne sert ni les intérêts ni l'image du manufacturier américain. Au Japon, Bridgestone, qui a des velléités de contrôle de Firestone, s'intéresse à la F1. En 1997, l'écurie Arrows de Tom Walkinshaw devient la tête de pont de Bridgestone en F1. Avec un investissement à long terme de 100 millions de dollars. Et un objectif suprême : séduire Ferrari qui n'a guère apprécié le retrait de Goodyear.

Quand Michelin revient en 2001, c'est pour contenir l'expansion de Bridgestone, avec Renault, Prost GP, Williams, Jaguar, McLaren, etc. En face, Bridgestone mise à fond sur Michael Schumacher et Ferrari.

Pendant que les titres mondiaux s'enchaînent chez Bridgestone, Michelin doit attendre 2005-2006 pour deux doublés successifs Alonso-Renault.

Englué dans son exclusivité, Bridgestone découvre ensuite l'indifférence des médias. L'esquisse d'un retour de Michelin ne résiste pas, en 2010, à une offensive de Pirelli. Pour mémoire, Pirelli était revenu en 1981-1986 et 1990-1991 avec quelques succès dispersés.

L'offensive Pirelli de 2011 semble destinée à durer. Reste à savoir comment le manufacturier italien, pour qui ce retour 2011 est aussi un retour aux sources, saura surmonter le handicap d'une exclusivité totale. Au début du championnat du monde 2011, le classement des manufacturiers s'établit ainsi : Goodyear 368 victoires, Bridgestone 194, Michelin 102, Dunlop 83, Firestone 49, Pirelli 42, Continental 10, Englebert 10.

Bien entendu, ce classement ne précise pas les périodes d'exclusivité de fourniture des pneus...

POINTS

Le calcul des points en F1 est un chantier permanent qui dure, pratiquement, depuis la création du championnat du monde en 1950. Cette année-là, l'Italien Giuseppe Farina avait été couronné avec un total de 30 points. En 2010, soixante ans plus tard, Sebastian Vettel a gagné son titre mondial avec le fabuleux total de 256 points.

Aucune comparaison Farina-Vettel n'est possible.

De fait, les différents barèmes utilisés au fil des années n'épousent que l'évolution de la F1 qui s'est considérablement transformée et qui, avec les moyens d'information modernes, a acquis une dimension universelle.

Aujourd'hui, les dix premiers classés de chaque GP sont répertoriés et récompensés ainsi :

1er : 25 pts ; 2e : 18 pts ; 3e : 15 pts ; 4e : 12 pts ; 5e : 10 pts ; 6e : 8 pts ; 7e : 6 pts ; 8e : 4 pts ; 9e : 2 pts ; 10e : 1 pt.

L'avantage premier de cette réglementation est de gonfler le montant des points des cinq premiers qui s'échelonne entre 10 et 25 points alors que les cinq derniers sont réduits à la portion congrue.

Les écarts creusés ont plusieurs objectifs :

– hiérarchiser les meilleurs, ce qui est normal ;

– resserrer les écarts entre eux, pour le suspense ;

– renforcer l'aspect spectaculaire du championnat : ce qui doit convenir aux non-initiés.

Cela dit, le système de points entré en vigueur en 2010 aura du mal à être revu. Toute diminution ou réévaluation des points serait considérée comme un retour à une normalité qui n'a plus de raison d'être.

Voici le rappel des différents systèmes des points attribués depuis la naissance du championnat du monde :

De 1950 à 1959 :

8-6-4-3-2 pour les cinq premiers.

1 pour le meilleur tour.

Les pilotes ayant la faculté de se relayer sur une même machine, les points étaient partagés à 50 %.

En 1960 :

8-6-4-3-2-1 pour les six premiers.

De 1961 à 1990 :

9-6-4-3-2-1 pour les six premiers.

De 1991 à 2002 :

10-6-4-3-2-1 pour les six premiers.

De 2003 à 2009 :

10-8-6-5-4-3-2-1 pour les huit premiers.

En consultant la réglementation sur ce mécanisme d'attribution des points, on découvre donc qu'elle a été déjà modifiée à cinq reprises.

En plus, le nombre des courses retenues pour le classement du championnat a souvent évolué. Quelques exemples : 4 GP sur 7 en 1950, 5 sur 7 en 1955, 9 sur 11 en 1967, 10 sur 12 en 1972, 10 sur 14 en retenant les cinq meilleurs résultats de chaque moitié du championnat, etc. Avec, en plus, d'autres restrictions complémentaires.

Bref, ces systèmes manquent peut-être de clarté mais assurément pas d'imagination et de souci d'adaptation à un calendrier évolutif. Les experts de la FIA partagent avec les fanatiques de la F1 l'envie de maintenir un (certain) suspense jusqu'au bout. Ou presque.

L'expansion du championnat du monde, désormais plus proche des vingt GP que des quinze GP annuels, exige une réforme (quasi permanente) de l'attribution des points.

La réalité de 2010 ne sera peut-être plus celle de 2011 ou 2012. Quoi qu'il en soit, quand on veut jouer avec les nombres, il est acquis que Sebastian Vettel qui a totalisé 256 points pour son titre mondial 2010 a pulvérisé tous les records du genre.

Ultime et amusante comparaison : en 2010, Vettel a marqué quinze fois pour 256 points alors qu'en 2009 Button avait été champion du monde en marquant quinze fois pour 95 points. Comparaison : une moyenne de 13,47 points pour Vettel contre 5,58 points pour Button. Ce n'est qu'un jeu...

POLE POSITION

Au cœur du permanent débat franco-anglais figure un accent circonflexe : *pôle* en français est *pole* en anglais. Au nom de l'uniformisation de la F1, pas plus pôle Nord que pôle Sud (version française), la *pole position* (version internationale) consacre, sur un certain nombre de tours et dans les délais stricts, le pilote le plus rapide (quelles que soient les conditions atmosphériques) sur son meilleur tour sur le circuit qui, le lendemain, accueillera le GP lui-même.

La signification d'une pole position dépasse la notion et l'évaluation d'une performance chronométrée dans un cadre uniforme avec des conditions météorologiques à peu près identiques.

En se concentrant sur la notion de l'avantage (évident) de démarrer le premier de tous – sans personne dans son champ de vision –, l'auteur d'une pole position se considère comme un... privilégié. En effet, une pole position, performance acquise en approchant la perfection, est, pour son auteur, un avantage réel. Mais qui suscite l'envie de ceux qui ont échoué.

Talentueux exercice de virtuosité – avec parfois le concours de circonstances favorables –, la pole position ne saurait être considérée comme une fin en soi. Il ne suffit pas de se montrer le plus rapide, à une heure donnée et devant une meute d'adversaires, pour avoir la garantie d'une victoire le lendemain. Tellement d'impondérables peuvent survenir...

En fait, au-delà du plaisir quasiment charnel d'être le premier le samedi, une pole position crée beaucoup de devoirs à son auteur. Le premier de ces devoirs consiste, en gros, à être digne le dimanche de sa prouesse du samedi. Un objectif qui n'est pas automatiquement à la portée de tous les lauréats de la pole...

À l'ouverture du championnat 2010, Sebastian Vettel avait réalisé cinq pole positions en 43 GP depuis le 17 juin 2007 à Indianapolis.

Quand le 13 novembre 2010, à Abu Dhabi, il signe sa quinzième pole, il se confirme, intérieurement et extérieurement, comme le challenger n° 1 pour le titre mondial 2010. Il s'est étalonné sur tous les plans, technique, tactique et psychologique, par rapport à ses adversaires.

La vraie force de Vettel, en cette veillée d'armes du GP d'Abu Dhabi, décisif pour le championnat du monde, c'est de ne pas considérer son avance sur ses adversaires immédiats (0''31 sur Hamilton, 0''398 sur Alonso) comme une fin en soi ou un avantage consistant.

Cette performance du samedi lui créait une obligation de résultat pour le dimanche. « La notion du surpassement de ses limites – parfois avec démesure et hors de raison – est dans les gènes de Sebastian », expliqua un jour Christian Horner, son team manager. À cet égard, toute pole performante agit comme un puissant stimulant sur son auteur.

Il serait cruel d'évoquer ceux qui ayant réussi une pole chanceuse le samedi ne l'ont pas exploitée le dimanche. La condition de pilote est exigeante et ingrate.

D'ailleurs, en matière de pole position, les statistiques historiques se révèlent aussi prestigieuses qu'illusoires, voire trompeuses. Le record de Michael Schumacher (68 entre le 15 mai 1994 à Monaco sur Benetton-Ford et le 16 juillet 2006 à Magny-Cours dans le GP de France sur Ferrari), remarquable dans l'absolu, ne l'est pas autant dans le relatif du comparatif avec Ayrton Senna (65 entre le 21 avril 1985 au Portugal et le 1er mai 1994 à Imola, la veille de sa mort accidentelle).

Il en va de même pour Schumacher avec Jim Clark (33 entre le 3 juin 1962 à Monaco et le 1er janvier 1968 à Kyalami, en Afrique du Sud) et Alain Prost (33 également entre le 2 août 1981 à Hockenheim et le 24 octobre 1993 dans le GP du Japon).

157

Ce n'est pas intenter un procès de mauvaise foi à Schumacher que de souligner qu'il a disputé 249 GP (1991-2006, en négligeant 2010) contre 161 (1984-1994) à Ayrton Senna, 72 (1960-1968) à Jim Clark, 199 (1980-1993) à Alain Prost. On n'imagine pas reprocher sa longévité exceptionnelle à Schumacher qui, après tout, s'est borné à épouser avec bonheur les règles et les contraintes de son époque.

De ces quatre pilotes – recordmen des pole positions – Clark et Senna étaient, par vocation instinctive, les plus ardents et les plus obstinés à viser systématiquement la pole.

Par exemple, Clark se ménageait le malin plaisir, sur l'insistance ou non de son team manager Colin Chapman, à réussir une pole sur commande, au centième de seconde près. Il suffisait, pour cela, de le stimuler un peu. Ce qui n'était pas le cas d'Ayrton Senna qui donnait une dimension mystique à sa motivation en répétant volontiers : « Les qualifications me plaisent parce que c'est là que je peux repousser mes limites. En course, c'est impossible. » Cette quête de l'absolu hantait Senna.

Au début de sa carrière, Prost ne dédaignait évidemment pas de viser la pole par souci de consolider ses chances de victoire le lendemain, après de longues concertations avec ses techniciens. Au fil des années et de ses succès, son opinion sur la notion de pole position évolua sensiblement, notamment au voisinage de Senna qui l'effrayait. L'exercice de la pole pour la pole, qui excitait tant Senna, laissait Prost de marbre.

Pourtant, en deux saisons (1988, 1989) de partenariat avec Senna chez McLaren-Honda, les chiffres sont instructifs. En 1988, Prost a réalisé deux poles et sept victoires contre treize poles et huit victoires à Senna, champion du monde. En 1989, Prost a obtenu deux poles et quatre victoires contre treize poles et six victoires à Senna. Et le titre mondial 1989 est revenu à Prost...

À l'analyse, la recherche de la pole est un challenge à l'état pur et sa conquête une démonstration maximale de vitesse également à l'état pur.

Fin 2010, Lewis Hamilton (17 poles depuis 2007), Fernando Alonso (18 poles depuis 2001), Sebastian Vettel (15 poles depuis

2007) rivalisent d'excellence en ce domaine. Tout comme Mark Webber, tardivement révélé en 2009 (1 pole) et épanoui en 2010 (5 poles).

Leurs carrières respectives s'alignent les unes sur les autres, chacune avec ses péripéties propres. Quant aux facteurs de concrétisation des poles, en plus du talent personnel, ils sont aussi bien le réglage des machines, la puissance des moteurs, l'efficacité des pneumatiques, les conditions météorologiques, l'adhérence du revêtement, l'encombrement du trafic, les charges d'essence comparatives, les impondérables, etc.

Une certitude demeure : Vettel est un jeune maître en la matière. Il s'est d'ailleurs pris au jeu de sa propre suprématie en ce domaine dans la mesure où l'accoutumance à la pole devient chez lui une seconde nature.

Sur ce seul détail et indépendamment de tout mysticisme, Vettel se pose comme l'héritier d'Ayrton Senna.

PROST Alain (France)

Né le 24 février 1955. Cette violente averse qui inonde la Bourgogne, ce 5 juillet 1981, stoppe immédiatement le GP de France. Le circuit de Dijon-Prenois est trempé. Alain Prost émerge de sa Renault n° 15 et se réfugie, les lèvres serrées, dans le stand Renault. Au fond. Tout au fond. Il ne veut pas parler. Son regard noir est éloquent. Il attend la fin de cet arrêt forcé.

Alain Prost en arrive à son dix-neuvième GP depuis le 13 janvier 1980 à Buenos Aires. Lui qui a toujours gagné dans toutes les séries du sport auto se sent frustré. Cette averse douche ses ambitions avouées. Il choisit la concentration pour se situer en état de riposte décisive. Contre Nelson Piquet qui le devançait d'une poignée de secondes à la minute de l'interruption du GP...

À la remise en grille, Prost a tenté un gros pari. Mettre des Michelin tendres d'un côté et moins tendres de l'autre. À l'arrivée, il exulte. C'est tout. Ce raccourci de Dijon-Prenois est un

159

concentré de Prost : réfléchir à fond avant toute manœuvre. Sa carrière illustre ce précepte. Ses premiers titres de champion du monde 1985 et 1986, très contrastés dans le processus d'acquisition, lui ressemblent, le premier par sa froide réflexion, le second par sa brûlante audace. « Je savais ce que je faisais », avoua Prost, un peu plus tard. Un sourire ironique sur les lèvres…

Car ce Prost qui sourit dans le succès sur un adversaire qu'il devance en piste est encore plus épanoui quand il défie la légende et qu'il y conquiert sa place. Le 20 septembre 1987, à Estoril, au volant de sa McLaren-TAG turbo, ornée de son n° 1 de 1986, Prost passe la ligne d'arrivée devant Gerhard Berger et Nelson Piquet. Il a eu le temps d'entrevoir le panneau à lui brandi PROST P1 28.

Il a battu le record des victoires de Jackie Stewart, 27, qui datait du 5 août 1973 au Nürburgring.

En même temps qu'il avait subtilisé son record à Stewart, dont les posters garnissaient sa chambre d'adolescent, Prost s'installait dans la position du lièvre à travers champs. « Une fois qu'on a gagné, on ne peut plus envisager autre chose qu'une autre victoire », avait-il réfléchi, à voix très haute, dans la soirée de Dijon-Prenois du 5 juillet 1981. Il se voyait, encore et toujours, pris à son propre piège.

Ce formidable pilote, aussi bien maître tacticien que baroudeur froid quand les circonstances l'exigeaient (lors de ses duels avec Ayrton Senna en 1988 et 1989), n'a pas eu de successeur en France. Ron Dennis, son supporter majeur, assura un jour que Prost n'avait pas été bien inspiré de quitter McLaren-Honda en 1989 en raison de Senna. Selon lui, Prost serait venu à bout de Senna, immense pilote né dans la rancœur vis-à-vis de Prost.

Cette prospective managériale de Ron Dennis perdit sa raison d'être lors du divorce Prost-McLaren. Cette rupture incitait Prost à envisager une autre carrière, moins stressante : revenir chez Renault, après une brève aventure Ferrari, en référence à ce dimanche 5 juillet 1981 où Prost avait découvert la face exaltante de la F1 dans le fond d'un stand puis sur un podium en bleu-blanc-rouge...

Alain Prost n'était né que pour gagner. Aussi bien quatre titres mondiaux (1985, 1986, 1989, 1993) que 51 GP, un total début 2011 que seul Michael Schumacher a dépassé...

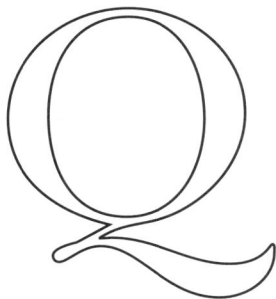

QUADRAGÉNAIRES

Suprême performance. Quand, le 16 novembre 1994 à Adélaïde (Australie), Nigel Mansell marque ses derniers points, sur Williams-Renault, il ne se contente pas de disputer son 187e GP et d'atteindre sa 32e victoire, il réalise l'exploit (raffiné) de forcer l'entrée du club des quadragénaires vainqueurs en F1.

Mansell pouvait d'autant plus se réjouir qu'il pensait disputer son dernier GP. Il ignorait alors qu'il serait ultérieurement sollicité. Et qu'il accepterait... Peu importe. Cette péripétie est sans importance.

En s'admettant, de son propre chef, au huitième rang (par l'âge) des quadragénaires triomphants – même si l'on y admet un quinquagénaire –, Mansell accomplit une prouesse significative. À 41 ans et 97 jours, il s'inscrit dans le club (non limité) des vainqueurs les plus âgés de l'histoire. Il a effectué un bond spectaculaire : il avait gagné son premier GP en 1985 à 32 ans et 58 jours. Il frôle donc la décennie.

En rejoignant le clan des vainqueurs quadragénaires, Mansell n'y rencontre néanmoins que trois anciens champions du monde, victorieux à un âge... déraisonnable : l'Italien Nino Farina (GP d'Allemagne 1953, sur Ferrari, à 46 ans et 276 jours), l'Argentin Juan Manuel Fangio (GP d'Allemagne 1957, sur Maserati, à 46 ans et 41 jours), l'Australien Jack Brabham (GP d'Afrique du Sud 1970, sur Brabham, à 43 ans et 339 jours), son compatriote Graham Hill (GP de Monaco 1969, sur Lotus, à 40 ans et 90 jours).

Pour mémoire, le record absolu appartient à l'Italien Luigi Fagioli (GP de France 1951, sur Alfa Romeo, à… 53 ans et 22 jours). D'ailleurs, en cette saison 1951, la deuxième de sa (brève) carrière, Fagioli ne courut qu'une seule fois, à Reims précisément. En plus, Fagioli ne disputa, au total, que sept GP sur deux saisons (6 en 1950, 1 en 1951).

Autres particularités de Fagioli : en 1950, il termina cinq GP dans les points (sur les podiums comme 2e et 3e), il en gagna un seul (France, 1951), il n'abandonna qu'une seule fois (Monaco, 1950) et, coïncidence fatale, il se tua dans un accident lors des essais du GP de Monaco 1951.

Son pourcentage de réussite (28 points en six GP sur sept en deux saisons 1950, 1951) est impressionnant. Il avait donc entamé sa carrière bien après la cinquantaine. Peu imaginable aujourd'hui…

Autres lauréats de cette bande de quadragénaires victorieux : l'Italien Piero Taruffi (GP de Suisse 1952, sur Ferrari, à 45 ans et 219 jours) et le Français Maurice Trintignant (GP de Monaco 1958, sur Cooper-Climax, à 40 ans et 200 jours).

Au fait, le mieux placé en 2011 pour s'inviter, de son plein gré, dans ce club relativement fermé, n'est autre que Michael Schumacher (42 ans depuis le 3 janvier 2011). La dernière de ses 91 victoires remonte au 1er octobre 2006 (sur Ferrari) dans le GP de Chine. Ce jour-là, à 37 ans et 271 jours, le septuple champion du monde n'était qu'à deux étapes (Japon, Brésil) de son retrait des circuits, consommé avec 249 GP à son compteur personnel. En abordant le championnat du monde 2011 à 42 ans et 72 jours, Schumacher s'installe de lui-même en postulant sérieux au cercle des glorieux quadragénaires.

Il en va de même pour le Brésilien Rubens Barrichello, vainqueur du GP d'Italie 2009 sur Brawn-Mercedes à 37 ans et 113 jours. En 2011, Barrichello aborde son dix-neuvième championnat du monde avec son 39e anniversaire le 23 mai 2011. Il frôle donc ses prestigieux aînés…

R

RÄIKKÖNEN Kimi (Finlande)

Né le 17 octobre 1979. Dès sa première année, à Hinwil (Suisse), dans l'usine de Peter Sauber, Monisha Kaltenborn, jeune juriste d'origine indienne, découvre la face relationnelle cachée de la F1. En août 2001, Kimi Räikkönen, Finlandais arrivé chez Sauber au début de l'année, ne se présente pas à des essais privés dûment programmés. Il s'en explique en remettant une lettre à Monisha Kaltenborn ainsi rédigée : « Pour devenir le plus jeune champion du monde de l'histoire de la F1, je me dois de quitter l'écurie Sauber, etc. »

C'est une opération diaboliquement montée. Räikkönen, qui a un contrat longue durée avec Sauber, estime – sur ordre – ne pas disposer des moyens d'accéder au titre mondial. Ses agents, Steve et David Robertson, le fils et le père, ont été approchés par Ron Dennis et Norbert Haug, en quête d'un successeur à Mika Häkkinen.

Pour déclencher une négociation, fallait-il encore créer un conflit avec Peter Sauber, réputé peu souple. La rupture anticipée Sauber-Räikkönen est évaluée à plus de 6 millions de dollars. À titre de dédommagement, Sauber (qui a utilisé le moteur Mercedes en 1994) reçoit, en supplément ou en complément, peu importe, deux énormes transporteurs Mercedes. Le 3 mars 2002, à Melbourne, pour ses débuts chez McLaren-Mercedes, Kimi Räikkönen finit troisième. Son premier podium de carrière.

165

Taciturne, indifférent à son milieu, Räikkönen ne s'exprime franchement que dans son cockpit. Instinctivement rapide, ce Finlandais a du mal à extérioriser ses réactions, ses sentiments et ses appréciations techniques. Mais l'avenir lui appartient. En 2003 et, surtout, en 2005, il frôle le titre mondial : 91 points en 2003 contre 93 à Schumacher (avec 1 victoire contre 6 à l'Allemand) et, en 2005, 112 points contre 133 à Fernando Alonso (avec égalité de victoires, 7). Brillant, Räikkönen manque de constance.

La première retraite de Schumacher lui ouvre les portes de Ferrari. Todt l'a baptisé « mon coureur préféré ». Le 21 octobre 2007, à Interlagos, Räikkönen enlève (enfin) le titre mondial au bout d'un suspense à trois (avec Hamilton et Alonso). Avec six victoires, soit une de moins qu'en 2005, il est enfin champion du monde.

Il sourit franchement. Il semble libéré. Dans le paddock, Sauber montre sa lettre de 2001 à qui le veut. Détail : à 28 ans, il n'est pas le plus jeune champion du monde qu'il rêvait d'être.

En définitive, il n'a certainement pas exprimé tout son potentiel. Alonso le bat en 2009 en lui subtilisant son volant chez Ferrari, moyennant un dédommagement anticipé. À son arrivée en F1, Räikkönen était une énigme. Il l'est resté.

RECENSEMENT

Il est hasardeux d'établir avec exactitude le nombre de pilotes qui ont disputé les 839 GP (essais compris) de l'histoire de la F1. Pour la simple raison que la complexité des GP – essais libres ou qualificatifs, classements dans les points ou en dehors, arrêts prématurés, etc. – ne se prête pas à des statistiques précises.

L'évaluation des participations à un GP est flottante. Exemple : selon certaines statistiques, Jacques Laffite compte 175 GP (1974-1986) pour avoir été accidenté sur la grille de départ du GP d'Angleterre 1986 sans avoir couvert un mètre. Selon d'autres, Laffite doit être crédité de 176 GP puisque son accident est intégré comme une péripétie (malheureuse) de course, même sans avoir couvert un tour.

La loi du marché des pilotes, assez sauvage et anarchique pour certains, ne facilite pas plus un recensement précis.

Ces dernières années, la FIA a rationalisé, dans la mesure du possible et en liaison avec les employeurs des pilotes, l'accès à la F1. Cette opération, en course, devrait clarifier la situation.

Quoi qu'il en soit, on parviendra, peut-être, un jour à établir une liste 100 % exacte des coureurs de F1. Pour le moment, on en est, avec les contours d'une élite sur plusieurs décennies, à 80-85 %.

Mais le pragmatisme du système de la F1, la limitation arbitraire des écuries du championnat du monde, la réduction (voire l'annulation) des essais privés qui permettaient de tester des candidats, les impératifs budgétaires, etc., ne débouchent pas sur une situation claire.

À ce jour, trente-huit pays ont été représentés sur les circuits de F1 depuis 1950.

Voici la liste de leurs ressortissants coureurs. En choisissant un ordre décroissant, ce relevé établi au début du championnat 2011 est la reproduction la plus précise d'un secteur attractif de la F1.

Pour évaluer l'apport de ces pays à la F1, ils sont accompagnés des noms de leurs ressortissants champions du monde. Cette dualité entre les pays et les numéros mondiaux ne manque pas de surprendre.

Angleterre : 140 pilotes (Mike Hawthorn, Graham Hill, Jim Clark, John Surtees, Jackie Stewart, James Hunt, Nigel Mansell, Damon Hill, Lewis Hamilton, Jenson Button).

Italie : 82 (Giuseppe Farina, Alberto Ascari).

France : 67 (Alain Prost).

USA : 49 (Phil Hill, Mario Andretti).

Allemagne : 46 (Michael Schumacher, Sebastian Vettel).

Brésil : 30 (Emerson Fittipaldi, Nelson Piquet, Ayrton Senna).

Argentine : 22 (Juan Manuel Fangio).

Suisse : 22.

Belgique : 20.

Afrique du Sud : 17 (Jody Scheckter).

Japon : 17.

Autriche : 14 (Jochen Rindt, Niki Lauda).

Australie : 13 (Jack Brabham, Alan Jones).

Pays-Bas : 13.

Canada : 11 (Jacques Villeneuve).

Espagne : 11 (Fernando Alonso).

Suède : 9.

Nouvelle-Zélande : 8 (Dennis Hulme).

Finlande : 7 (Keke Rosberg, Mika Häkkinen, Kimi Räikkönen).

Mexique : 5.

Irlande : 4.

Danemark, Portugal, Zimbabwe, Uruguay : 3.

Colombie, Venezuela, Inde, Monaco : 2.

Thaïlande, Russie, Pologne, Maroc, Malaisie, Lichstentein, Hongrie, Tchécoslovaquie, Chili : 1.

COMMENTAIRES

• L'origine des pilotes est singulièrement diversifiée.

• À l'indice quantité-qualité, avec sept pilotes pour trois champions du monde, Keke Rosberg (1982), Mika Häkkinen (1998, 1999), Kimi Räikkönen (2007), la Finlande est largement en tête.

• L'effacement de l'Italie (deux champions du monde) ne correspond pas à l'influence et au rayonnement de Ferrari dans l'histoire de la F1.

• La France, politiquement influente, n'est guère prolifique : l'unique consécration mondiale de Prost masque une déficience de l'élite (affaiblie, en son époque, par les accidents de Didier

Pironi, Patrick Depailler, Jacques Laffite) et, surtout, la disparition de François Cevert.

RENAULT

Le 14 mai 1977, la révolution technique de la F1 s'avance en pleine lumière. Dans le Pub Renault, sur les Champs-Élysées, un grand blond sort de sa réserve naturelle : « J'entre en F1 avec Renault pour devenir champion du monde », dit Jean-Pierre Jabouille. La monoplace présentée, la RS 01, dispose d'un moteur suralimenté, autrement dit un turbo.

Le vendredi 14 juillet 1977, la RS 01 n° 15 dispute les qualifications du GP d'Angleterre à Silverstone. Jabouille se qualifie en quinzième ligne, au niveau d'Emerson Fittipaldi. Au seizième tour, le turbo rend l'âme.

Cette étape primordiale a libéré le commando Renault des affres accumulées depuis plus de quinze mois de préparation. Désormais, au-delà de sa RS 01, Renault ne songe qu'au titre mondial.

Avec le recul, l'importance de cette opération se mesure mieux : l'engagement d'un généraliste comme Renault annonce une ère nouvelle pour la F1.

L'histoire (complexe) de Renault s'articule autour de quelques repères inoubliables.

PREMIÈRE PÉRIODE

– *1ᵉʳ octobre 1978* : Jabouille (36 ans ce jour-là) marque les premiers points de Renault dans le GP des USA, à Watkins Glen.

– *21 janvier 1979* : René Arnoux rejoint Jabouille chez Renault lors du GP d'Argentine, à Buenos Aires.

– *2 mars 1979* : Jabouille en pole position à Kyalami dans le GP d'Afrique du Sud.

– *1ᵉʳ juillet 1979* : première victoire de Jean-Pierre Jabouille dans le GP de France, à Dijon.

27 janvier 1980 : Arnoux remporte le GP d'Argentine à Buenos Aires.

1er mars 1980 : Arnoux enlève le GP d'Afrique du Sud à Kyalami devant Jacques Laffite et Didier Pironi (Ligier). « C'est une *Marseillaise* pour trois », glisse Jabouille, amer, après son abandon. Arnoux est leader du championnat du monde.

28 septembre 1980 : Jabouille, accidenté à Montréal, a déjà annoncé son départ de Renault pour Ligier.

12 avril 1981 : Alain Prost, sur le podium du GP d'Argentine à Buenos Aires, marque ses premiers points pour Renault.

5 juillet 1981 : Prost gagne son premier GP de France, à Dijon. Le duo Renault-Prost acquiert une dimension supérieure. Les sollicitations pleuvent sur Alain Prost.

23 janvier 1982 : Alain Prost se montre somptueux dans le GP d'Afrique du Sud, à Kyalami. Il revient au commandement après avoir perdu un tour (une roue arrière détachée).

11 août 1982 : Renault fournit officiellement un moteur à Lotus : la diversification de Renault est en route. Désormais, Renault ne sera plus jamais uniquement une écurie.

Le constructeur Renault s'est amplifié. Cette stratégie va hisser, à terme, Renault sur le toit du monde de la F1.

19 mai 1983 : Renault annonce un deuxième accord de fourniture turbo, avec Ligier cette fois, pour 1984.

16 juillet 1983 : Alain Prost donne une brillante démonstration à Silverstone. Pour Renault, cette victoire à Silverstone est symbolique. Le calcul est immédiat : ce succès survient exactement 2 191 jours après les débuts du 16 juillet 1977.

En même temps, les Lotus-Renault (De Angelis-Mansell) se sont distinguées.

17 octobre 1983 : deux jours après le GP d'Afrique du Sud, Alain Prost quitte Renault. C'est un coup dur pour le constructeur français.

21 avril 1985 : la victoire d'Ayrton Senna dans le GP du Portugal, qui survient après une difficile année 1984, revitalise la présence de Renault en F1, matérialisée autour d'une écurie 100 %

Renault et de trois partenariats (Lotus-Renault, Ligier-Renault et Tyrrell-Renault).

27 août 1985 : le retrait de Renault, en tant qu'écurie, est confirmé. Suspension (provisoire) d'activité en retrait définitif, cette alternative circule déjà. Dès le lendemain de la décision de Georges Besse, le nouveau président de Renault, successeur de Bernard Hanon, chaud partisan de la F1…

22 juin 1986 : Ayrton Senna enlève le GP des USA à Detroit, devant Jacques Laffite sur Ligier-Renault.

À ce moment-là, six monoplaces à moteur Renault éclairent le championnat du monde. Mais Renault ne communique qu'autour de Senna. Ce qui irrite profondément Guy Ligier. Les autres pilotes Renault sont René Arnoux (Ligier), Martin Brundle, Philippe Streiff (Tyrrell), Johnny Dumfries (Lotus).

En 1986, Philippe Alliot remplace Laffite, grièvement blessé. Mais l'entité Renault Sport ne fonctionne plus, sur ordre de Georges Besse, et en perspective de la liquidation annoncée par le même Georges Besse lui-même sur la péniche *Le Release*, à quelques centaines de mètres de l'immeuble Renault, à Boulogne.

PÉRIODE TRANSITOIRE

22 septembre 1986, *Le Release* : Alain Dubois-Dumée évoque la création d'une cellule de veille technique de Renault Sport.

1ᵉʳ mars 1989 : Patrick Faure, le président de Renault Sport, parle de la « reprise d'une activité sportive de haut niveau ».

6 juin 1989 : Patrick Faure finalise à Didcot des négociations (très) avancées avec Frank Williams.

1990 : Williams-Renault, quatrième du championnat des constructeurs, deux victoires (Patrese, Boutsen).

17 septembre 1990 : Renault accepte d'équiper Ligier pour 1992, 1993, 1994.

1992 : Williams-Renault, champion du monde des constructeurs, Nigel Mansell, champion du monde avec sept victoires.

1993 : Williams-Renault, champion du monde des constructeurs, Alain Prost champion du monde avec cinq victoires et Damon Hill trois victoires.

1993 : Ayrton Senna se tue sur Williams-Renault, six victoires pour Damon Hill, une pour Coulthard, une pour Mansell, Williams-Renault, champion du monde des constructeurs.

1995 : Michael Schumacher, champion du monde sur Benetton-Renault avec neuf victoires, Herbert une victoire.

1995 : Benetton-Renault, champion du monde des constructeurs devant Williams-Renault avec quatre victoires pour Damon Hill, une pour Coulthard.

1996 : Damon Hill, champion du monde chez Williams-Renault, devant Villeneuve (Hill, 8 victoires, Villeneuve, 4).

1997 : Jacques Villeneuve, champion du monde chez Williams-Renault avec sept victoires, Frentzen une victoire.

1998 : Renault a quitté la F1. Fourniture Mecachrome à Williams.

15 mars 2000 : Renault achète Benetton.

DEUXIÈME PÉRIODE

Pour la première fois depuis 1985, une monoplace 100 % Renault réapparaît en compétition, le 1er mars 2002, lors des essais du GP d'Australie à Melbourne, avec Jenson Button et Jarno Trulli, sous la direction de Flavio Briatore. En fait, Renault a acheté l'écurie Benetton en mars 2000 pour 120 millions de dollars, en se donnant alors deux ans pour redevenir opérationnel sous son identité propre.

La saison 2002, période de rodage, se termine avec le plus faible bilan de l'histoire de Renault, 23 points, à part 1978 (3 points) et 1985 (16 points).

Le départ de Jenson Button chez BAR-Honda facilite pour 2003 la titularisation du troisième pilote de 2002, le jeune Espagnol Fernando Alonso.

23 mars 2003 : Alonso en pole position du GP de Malaisie finit troisième sur le podium. C'est la première pole position signée Renault depuis le 17 avril 1983 sur le Paul-Ricard dans le GP de France avec Alain Prost.

24 août 2003 : le chef-d'œuvre d'Alonso. Sur deux jours, le samedi en pole position et le dimanche en vainqueur, il a dominé le GP de Hongrie. *La Marseillaise* qui retentit à Budapest est la première sur un circuit depuis le 19 mai 1996 (Olivier Panis à Monaco). Elle récompense l'écurie sous licence française.

23 mai 2004 : Jarno Trulli s'impose à Monaco. Le renouveau de Renault est salué partout. Alonso attend son heure.

25 septembre 2005 : Alonso, troisième du GP du Brésil, est consacré champion du monde. Le duo Alonso-Fisichella qui a totalisé huit victoires en 2005 a donné le titre des constructeurs à Renault. Avec un record de points marqués (191).

Carlos Ghosn, qui a succédé à Louis Schweitzer à la tête de Renault, n'est pas inconditionnel de la F1. Il le devient encore moins après l'humiliation à lui infligée le 30 novembre 2005 à Boulogne-Billancourt : il a offert à Fernando Alonso sa machine victorieuse et il apprend, moins de dix jours plus tard, que le même Alonso a signé chez McLaren-Mercedes, pour 2007.

22 octobre 2006 : tout au long de cette année 2006, Alonso s'est montré au-dessus de tout soupçon. Avec sept victoires (Bahreïn, Australie, Espagne, Monaco, Angleterre, Canada, Japon), il n'a plus que Michael Schumacher (sept victoires quand même !) en ligne de mire dans le dernier GP, au Brésil. Sa tactique, au plus juste, est parfaite. Il devance l'Allemand d'une poignée de secondes. C'est dans la poche : il arrive chez McLaren-Mercedes avec le n° 1. En ayant gagné, avec Fisichella, le titre des constructeurs. Du grand art.

À sa manière, Alonso a conjuré le mauvais sort de Renault de n'avoir jamais eu un double champion du monde. L'Espagnol s'en va, tranquille, chez McLaren pour y vivre la saison des mille et un tracas. En août 2007, au lieu de réaliser son rêve de rallier Ferrari, il devra se résigner à revenir chez Renault.

173

Fisichella et Kovalainen, eux, n'ont rien gagné sauf une place de troisième dans le GP du Japon au Mont Fuji, pour le Finlandais. Carlos Ghosn refuse de s'exprimer sur le futur de Renault.

Du côté des partenaires, Renault avait signé avec Christian Horner, le directeur de Red Bull. Et suggéré de conserver David Coulthard, au nom de son expérience Williams-Renault, qui remontait néanmoins à 1995. L'idée était judicieuse : Coulthard est le premier à marquer les points de l'association naissante Red Bull-Renault. Un bon investissement, plus porteur d'avenir que toute autre combinaison.

25 septembre 2008 : après une longue frustration de dix-sept GP (sur 2007 et 2008) sans victoire, Alonso l'emporte dans la nuit tiède de Singapour. Il retrouve un certain sourire en s'imposant ensuite au Mont Fuji.

L'écurie Renault entame une longue descente aux enfers, accentuée par la culpabilité de Nelsinho Piquet dans son crash en pleine ligne droite de Singapour, le 28 septembre 2008.

L'autorité de Flavio Briatore est sérieusement entamée. Bernard Rey, le discret président de Renault Sport, assume tout. Carlos Ghosn n'a qu'une idée : se séparer de cette écurie qui, sous le nom de Renault, cause des dégâts d'image à l'entreprise.

L'urgence d'un divorce s'impose comme une nécessité de survie. Pour l'entreprise comme pour l'écurie.

8 décembre 2010 : le Pub Renault de 1977 est devenu l'Atelier Renault. Dans la tornade de neige qui souffle sur Paris, Christian Horner, le team manager de Red Bull, reçoit sur une petite scène les félicitations de Bernard Rey, au nom de Renault, pour le double titre mondial de Sebastian Vettel et Red Bull Renault.

Des applaudissements crépitent. Deux hommes manquent à cette réception : Vettel bloqué à Francfort par la neige, Ghosn bloqué dans son bureau du quai du Pont-du-Jour par ses réticences à se montrer en public dans ce milieu de la F1 qui lui déplaît beaucoup.

RETRAITÉS

Partir. Revenir. Il a été dans la nature profonde de sept champions du monde, à différentes époques, d'aspirer à une période de retraite – parfois sous la pression des événements – après leur consécration. Sur l'instant, ils éprouvaient une furieuse envie de repos.

Mais après quelques mois, voire quelques années, ils ont tous succombé à l'envie de réapparaître sur les circuits. Avec différents résultats d'ailleurs.

Voici les sept champions du monde qui ne se sont pas résignés à une certaine inactivité durant leur carrière.

Niki Lauda : champion du monde 1975-1977 (avec Ferrari), il se retire le 28 septembre 1979, avant le départ du GP du Canada. Son contrat le lui permettait.

Mi-1981, moins de deux ans plus tard, Ron Dennis le persuade, en secret, de venir chez McLaren-TAG le 23 janvier 1982 (à 23 ans) en Afrique du Sud.

Une opération couronnée de succès. Le 21 octobre 1984, au Portugal, il devient triple champion du monde. Il court encore en 1985. Avant de se retirer pour de bon. Mais son retour a été une réussite.

Mario Andretti : champion du monde 1978 (avec Lotus), il a ensuite le sentiment de végéter en ne remportant plus de GP.

Passé chez Alfa Romeo en 1981 (à 41 ans), il annonce son départ à Las Vegas, le 17 octobre 1981. Les sollicitations pleuvent sur lui, notamment en Formule Indy. Il y résiste.

Mais, pour la beauté du coup quand Frank Williams lui propose, en pleine saison 1982, un volant pour le GP des États-Unis Ouest, à Long Beach, il accepte avec plaisir. Parce que c'est une opération sans lendemain. Avec la mort tragique de Gilles Villeneuve et l'accident de Didier Pironi, en cette même année 1982, Enzo Ferrari le contacte personnellement.

175

Mario Andretti (42 ans depuis le 28 février 1982) ne résiste pas à deux ultimes GP sur une Ferrari turbo à Monza le 12 septembre 1982 et à Las Vegas, le 25 septembre.

Alan Jones : champion du monde 1980 à Las Vegas, à l'arraché, il choisit une retraite prématurée (à quelques jours de son 35ᵉ anniversaire). Frank Williams, qui a un faible avéré pour ce bagarreur italien, s'est mal résigné à ce départ anticipé.

En Australie, Jones s'ennuie. Il réapparaît furtivement le 27 mars 1983 à Long Beach sur une Arrows, avant de regagner son continent natal. Il s'est juré de couper avec la compétition.

Mais le 8 septembre 1985, il revient à Monza sur une Lola-Haas qui ne finit même pas le championnat. Peu lui importe, il est titularisé en 1986 à la tête de l'écurie Lola-Haas-Ford pour l'ensemble du championnat.

Alan Jones clôture définitivement sa carrière le 26 octobre 1986 à Adélaïde, soit une semaine avant son 40ᵉ anniversaire. C'était bien calculé. Son retour était en demi-teinte.

Nigel Mansell : champion du monde 1992, il se retire de la F1 sur sa lancée. Mais il rebondit, dans la foulée, aux États-Unis. Sa retraite de la F1 ne masque donc qu'un changement d'activité.

Revenu en 1994, il gagne son dernier GP le 13 novembre 1994 à Adélaïde sur Renault, en ayant franchi la quarantaine.

Alain Prost : le triple champion du monde qu'il est en 1991 s'offre, en 1992, une année de retraite programmée. Prost (37 ans) a besoin d'un break pour se récupérer pleinement.

Quoi qu'il en soit, avec un contrat 1993 en poche pour Williams-Renault, Prost passe une mini-retraite studieuse. Il s'entretient physiquement. Il suit de près l'évolution des monoplaces.

Jacques Villeneuve : champion du monde le 26 octobre 1997 à Jerez dans le GP d'Europe aux commandes d'une Williams-Renault, Jacques Villeneuve (26 ans) a concrétisé un rêve programmé depuis 1995.

Il lui reste le plus difficile à accomplir : confirmer son titre et se donner un deuxième plan de carrière. Il ne gagne plus de courses et donne la sensation d'une certaine errance perpétuelle.

Fin 2003, Villeneuve assume une retraite forcée. Renault le rappelle pour trois GP de fin de saison (Chine, Japon, Brésil). Mais il a déclenché la curiosité de Peter Sauber (qui l'engage pour 2005) et de Mario Theissen (qui l'attire chez BMW en 2006).

Les années s'écoulent. Villeneuve continue de figurer dans le décor automobile. Il nourrit encore beaucoup de projets...

Michael Schumacher : d'une retraite imposée à la fin du championnat 2006, à un retour délibéré dans le championnat 2010, le septuple champion du monde épouse sa trajectoire. À suivre...

REUTEMANN Carlos (Argentine)

Né le 12 avril 1942. Lors de son premier GP, le 23 janvier 1972 à Buenos Aires, l'Argentin Carlos Reutemann (presque 30 ans) arrache la pole position sur une Brabham-Ford, devant deux champions du monde Jackie Stewart et Dennis Hulme. Toute l'Argentine exulte et voit en lui le successeur de Fangio.

Il n'en est même pas le disciple. Il attend le 30 mars 1974 pour vaincre à Kyalami. Talentueux et méthodique, Reutemann dispute 146 courses entre 1972 et 1982. Il frôle le championnat du monde en 1977 (Ferrari) et 1981 (Williams). Mais il manque de combativité pour l'ultime bataille. En fait, Reutemann est trahi par lui-même. Sa douzaine de victoires ne correspond pas à son talent. Et l'Argentine attend encore l'héritier de Fangio...

RINDT Jochen (Autriche)

Né le 18 avril 1942 et décédé le 5 septembre 1970. Ce soir-là, dans le muséum d'Hockenheim, quarante-huit heures avant les qualifications du GP d'Allemagne 2010, Bernie Ecclestone est

177

étrangement calme. Pétrifié d'émotion. Les Allemands ont choisi ce week-end du 23-25 juillet 2010 pour célébrer la première victoire de Jochen Rindt dans le GP d'Allemagne, le 2 août 1970, et sa dernière de carrière.

Survenu le premier dans ce muséum où l'histoire de Rindt – aussi bien dans un film que dans une exposition de photos d'époque – s'écrit en noir et blanc, Ecclestone, le regard étrangement fixe, regarde ces documents venus de loin comme s'il ne les avait jamais vus. Son émotion se lit sur son visage. Il ne lâche que des monosyllabes. Il était l'ami intime de Rindt. Son agent aussi.

Dans la torpeur d'une soirée estivale, Ecclestone quitte ce vaste hall le dernier. Presque à regret. On l'a rarement vu aussi accablé. Lui qui n'assiste jamais aux enterrements, de peur de la mort peut-être, s'est imprégné la rétine d'images de la carrière de l'infortuné Rindt, banales mais devenues bouleversantes de par les circonstances.

Un peu plus d'un mois après son triomphal podium d'Hockenheim, Jochen Rindt quitte sa résidence helvétique des rives du lac Léman pour se rendre, en voisin, à Monza. Il attend beaucoup de ce GP d'Italie. Et pour cause : le titre mondial s'avance à portée de sa main.

Un rituel de routine. Ce samedi 5 septembre 1970, à 15 h 05, quand il abaisse sa visière de casque, dans le cockpit de sa Lotus 72, Jochen Rindt (28 ans) pressent peut-être un certain danger. Toujours le même : depuis quelques semaines, sa confiance en sa machine s'est lézardée. Insidieusement. Il a perdu sa sérénité de pilote. Ses échanges avec Colin Chapman, son constructeur et team manager, tournent à des empoignades verbales.

Chapman préconise systématiquement de nouvelles solutions techniques. La dernière en date est la suppression de l'aileron arrière. Rindt qui redoutait cette modification se résigne à l'accepter. L'instabilité de sa Lotus est compensée par une foudroyante capacité d'accélération en pointe. On lui promet une vitesse maximale de 330 km/h. « Cette Lotus est une bête de face… » lui glissent des techniciens.

Avec Colin Chapman, c'est tout ou rien. Il promet des mono-places foudroyantes à des pilotes d'exception comme Jim Clark (1960-1968) ou Graham Hill (1958-1959 et 1967-1970). Avec des audaces technologiques. Bien sûr, la normalité d'un pilote, c'est de mépriser le danger. Tout en tenant compte de la réalité. Rindt, d'une trempe insolite, en arrive à son 30ᵉ GP avec Lotus. Cet Autrichien au profil de boxeur, bagarreur-né, s'investit dans la course pour concrétiser sa combativité maîtrisée.

Or donc, ce 5 septembre, riche de cinq succès probants (Monaco, Pays-Bas, France, Angleterre, Allemagne), Rindt est cerné par la considération accordée à un potentiel champion du monde. Autour de lui, ses techniciens proches le saluent : « Bonjour, champion » ou « C'est dans la poche ». Il ne répond que d'un sourire. Nina, sa jeune épouse finlandaise, vit mal cette saison de tous les enjeux. Elle veut que Jochen annonce sa retraite. Chapman n'ignore rien des pressions subies par Rindt. Mais il ne lui en parle jamais. Chapman est satisfait de voir Rindt courir sans l'aileron arrière. Surtout en Italie, dans le fief de Ferrari.

Au début des essais, Chapman et Nina Rindt sont assis côte à côte dans le stand. Ils apprennent ensemble l'accident de Rindt. La Lotus, lancée dans son cinquième tour, quitte sa trajectoire de freinage avant la Parabolique, à 306 km/h exactement (selon le témoignage de Dennis Hulme alors dans le sillage de Rindt). À l'impact avec la barrière de sécurité, la Lotus se désintègre en un éclair en une centaine de débris (au moins). Rindt est tué sur le coup.

Chez Lotus, l'incrédulité de la fatalité est la première réaction. Le jeune Brésilien Emerson Fittipaldi (23 ans), pilote de réserve (standing rarissime à l'époque), apprend, comme ça, d'un ingénieur qu'il devra céder sa voiture à Rindt. Il est fugitivement rassuré. Mais la réalité se révèle dramatique. Quand un prêtre, mandé prestement par les commissaires, se présente, les traits fermés, à l'entrée des bâtiments médicaux de l'Autodromo, aucun doute ne subsiste sur l'état désespéré de l'Autrichien. « Jochen a dû s'éteindre en pensant qu'il irait au paradis avec le titre de champion du monde », a avancé Jackie Stewart, bien longtemps après cette tragédie. Sans avoir envie de sourire.

Jochen Rindt a quitté la F1 par un beau samedi de septembre en empruntant la porte des seigneurs. Il laissait derrière lui une œuvre inachevée. Ce 5 septembre 1970, la veille du GP d'Italie, Rindt totalise 45 points et seul Jacky Ickx, en pole position sur Ferrari, peut le dépasser à la faveur des trois ultimes GP (Canada, États-Unis, Mexique).

En cette circonstance, le règlement du championnat du monde n'évoque pas l'hypothèse d'une consécration à titre posthume. Et ne l'écarte pas non plus. Le débat s'étale sur la place (semi-) publique de la F1. En plus, il ne faut (surtout) pas attenter à la régularité de la compétition malgré tous les arguments humanistes en faveur de Rindt. L'image du championnat ne saurait être contestée par une décision sans précédent.

Bien entendu, Ickx a l'élégance de mener sa fin de championnat selon des critères moraux. Deux détails à retenir : Emerson Fittipaldi gagne son premier GP le 4 octobre 1970 sur une Lotus 72 dans l'esprit de celle de Rindt et Ickx remporte le dernier GP du championnat le 25 octobre à Mexico.

C'est la grandeur de la F1 d'avoir couronné Jochen Rindt à titre posthume. C'est la grandeur de Lotus d'avoir obtenu un sixième podium victorieux avec la Lotus 72, vingt-neuf jours après l'accident de Rindt.

ROSBERG Keke (Finlande)

Né le 6 décembre 1948. Le 22 août 1954, Juan Manuel Fangio, au volant d'une Mercedes, enlève le GP de Suisse à Bremgarten et empoche son deuxième titre mondial. Ce GP devient historique. Car, désormais, le GP de Suisse disparaît du calendrier international. Il renaît, quasi fortuitement, sur une initiative privée, à… Dijon, en France, sur le tracé de Dijon-Prenois, en date du 29 août 1982 après une absence de vingt-huit ans.

Plusieurs terribles accidents (Riccardo Paletti, Gilles Villeneuve, Didier Pironi) ont assombri l'atmosphère d'un championnat très indécis entre Niki Lauda, Alain Prost, John Watson, Patrick Tambay, Nelson Piquet et un certain Keke Rosberg qui a joué placé depuis le premier GP de la saison, le 23 janvier 1982, en Afrique du Sud.

En prenant le départ de ce GP de Suisse ressuscité ce 29 août 1982, le Finlandais Keke Rosberg (33 ans) attend encore sa première victoire après 48 GP depuis 1978. Après avoir bourlingué chez Theodore, ATS-Ford, Wolf et Fittipaldi-Copersucar, ce Nordique moustachu – un Astérix venu du froid – a rejoint Williams-Ford. À ce jour, on l'a vu cinq fois sur le podium mais sans accrocher la victoire. En face des Piquet et Lauda, il se sent frustré et mécontent.

Rosberg appréhende de finir comme un baroudeur spectaculaire mais incapable de s'imposer en patron d'un GP, autrement dit en vainqueur. « Je guette ma chance », avait-il répondu, dans un sourire fataliste, à un ami allemand anxieux de ne pas le retrouver régulièrement en haut des grilles de qualification et des classements. Pour avoir vécu la galère des fonds de grille et des contrats « course par course » pas toujours honorés, Rosberg avait appris à se blinder contre l'adversité. Ce championnat un peu fou lui offrait une bonne occasion de s'identifier comme bagarreur et tacticien.

La physionomie de ce GP de Suisse lui sourit en ce sens que, sur la fin ou plutôt même *in extremis*, Rosberg double Prost pratiquement dans l'avant-dernier virage. Sa Williams-Ford avait pris le meilleur sur la Renault turbo de Prost, pour une poignée de secondes. Le symbole était très fort. Sur le podium, Prost était ravagé de déception. Quarante-huit heures plus tôt, Renault avait confirmé Prost pour 1983.

Pour ce bagarreur instinctif qu'est Rosberg, cette (première) victoire est une validation pour 1983 chez Williams. Après avoir connu la précarité contractuelle chez Theodore, ATS et Wolf, Rosberg pouvait (enfin) être soulagé avec ce premier podium suprême où une rude épreuve l'attendait : son prix de vainqueur était une énorme cloche de vacher des Alpes qu'il devait rapporter chez lui de son mieux. Pourtant avide de trophées de GP, Frank Williams n'avait aucune envie de rapatrier cette cloche.

Et Rosberg qui l'avait péniblement traînée du podium au motor-home n'était pas rassuré.

Toujours est-il que, promu leader du championnat à Dijon avec 42 points contre 30 à Watson, Rosberg conserva cet avantage jusqu'à Las Vegas, le 25 septembre 1982. Sans avoir gagné un autre GP mais en jouant toujours placé. Il était le premier Finlandais champion du monde de F1. Par la suite, il avoua « bien vivre ce statut privilégié ». On le comprend.

Ce dimanche 29 août 1982, le petit Nico Rosberg, fils d'Yvonne et Keke Rosberg, n'avait pas encore vu le jour (il naquit le 27 juin 1985). Quand Nico débuta en F1, le 12 mars 2006 à Bahreïn, sur une Williams-Cosworth, Keke passa le week-end à ses côtés dans le stand. « C'est plus dur que de courir », soupira-t-il en souriant. À ce jour, en 2011, Nico Rosberg (89 GP chez Williams puis Mercedes) aborde le championnat sans jamais avoir gagné de course. Keke avait dû, lui, patienter 48 GP avant l'ivresse du succès. Les championnats ne dépassaient pas 15-16 GP en ce temps-là…

S

SCHECKTER Jody (Afrique du Sud)

Né le 29 janvier 1950. Pendant longtemps, Jody Scheckter a traîné l'image du pilote inconséquent qui, le 14 juillet 1973, avait provoqué un gigantesque carambolage au départ du GP d'Angleterre, à Silverstone. Scheckter (23 ans) n'en était qu'à son quatrième GP mais, à sa manière, il avait déjà son palmarès : huit monoplaces endommagées d'un seul coup…

Ce Sud-Africain, à la chevelure bouclée, avait beau s'apparenter à un casse-cou, il n'en suscitait pas moins un vif intérêt du côté des team managers qui voyaient en lui un baroudeur d'exception. « Il suffisait de le canaliser un peu », dira Ken Tyrrell, en l'engageant (secrètement) pour 1974 en succession de Jackie Stewart, bien avant l'annonce de sa retraite. « Ken a toujours eu du flair », s'amusa Stewart, un peu plus tard.

Toujours est-il qu'en amenant la Tyrrell-Elf à six roues au podium suprême du GP de Suède, le 9 juin 1974, devant son partenaire Patrick Depailler, Scheckter a amplement justifié la confiance de Tyrrell. La confirmation de son talent tarde à venir. Un mécène autrichien, Walter Wolf, lui offre le statut de premier pilote dans son écurie naissante. Détail : Scheckter n'a pas de partenaire. « Je me suis senti responsabilisé », avoue-t-il le 9 janvier 1977 à Buenos Aires. Une date qui coïncide avec la première victoire de cette surprenante Wolf-Ford, également gagnante à Monaco et Mosport. Cette aventure Wolf s'éteint fin 1978.

À Maranello, Enzo Ferrari rêve de monter un duo Villeneuve-Scheckter. C'est réalisé en 1979. Le contraste entre les deux hommes est radical : Gilles Villeneuve assure les succès, Scheckter marque les points. Assez pour débarquer à Monza le 9 septembre 1979 avec le titre à sa portée...

Ce sacre de Monza, Scheckter le vit intensément. Comme son sommet de carrière. Il a raison : lui marque 51 points en 1979, n'en ramasse que 2 en 1980. Il se retire.

SCHUMACHER Michael (Allemagne)

Né le 3 janvier 1969. Le 25 août 1991, jour de la première course de Michael Schumacher, sur une Jordan-Ford à Spa-Francorchamps, la seule question qui se posait se résumait ainsi : combien de GP faudra-t-il à ce jeune Allemand pour gagner ?... Inutile d'aller plus loin : ses dons étaient éclatants.

Dès son deuxième GP, Schumacher avait quitté Jordan pour Benetton-Ford, après un imbroglio juridico-sportif d'une extrême confusion. Sa première victoire, Schumacher la remporte à Spa, le 30 août 1992, en autocélébration de ses débuts en F1. Il s'en amuse.

Bien plus importante est sa deuxième victoire, le 26 septembre 1993 à Estoril (Portugal). Il devance un peloton réunissant deux champions du monde en titre, Alain Prost et Ayrton Senna, trois autres en puissance, Damon Hill, Mika Häkkinen et lui-même, quelques grands formats comme Jean Alesi, Gerhard Berger, Rubens Barrichello, etc. Sur le podium, Schumacher est entouré de Prost et Hill.

D'emblée, nul n'émet de réserve sur la classe de Michael Schumacher. Il ne s'agit que de savoir dans combien de temps cet Allemand, élevé dans la ferveur de Wolfgang Von Trips, remportera assez de courses pour devenir le premier Allemand champion du monde. Ce n'est qu'un jeu de l'esprit. Au soir des essais d'Estoril, Alain Prost estime, en un petit cénacle, que Michael Schumacher pourrait lui succéder vite, dès 1994. Chez

Benetton, Flavio Briatore et Tom Walkinshaw partagent cette opinion. Beaucoup voient en Schumacher le futur rival n° 1 d'Ayrton Senna.

Tout ce qui accompagne la carrière de Michael Schumacher s'enchaîne comme un film à grand spectacle.

Jean Todt n'est allé chez Ferrari qu'avec la certitude d'avoir les moyens humains, techniques et financiers pour enrôler Schumacher, double champion du monde 1994-1995. Mais rien n'est acquis d'avance pour ce duo Todt-Schumacher opérationnel en 1996. Le premier titre mondial Schumacher-Ferrari n'intervient que le 8 octobre 2000 à Suzuka, après vingt et un ans de frustration à Maranello…

Cette suprématie mondiale, qui rejoint celle de Jody Scheckter en 1979, est capitale pour Schumacher : il aura toujours la plus importante place dans l'histoire de Ferrari. De fait, sa fabuleuse série, 2000-2001-2002-2003-2004, un monument d'anthologie, le hisse sur le toit du monde de la F1.

Mais il en redescend en 2006 sur des manœuvres internes du groupe Fiat. Dès lors qu'il a perdu son titre mondial devant Fernando Alonso, en 2005, son aura au sein de Ferrari a diminué. Il en est meurtri mais il ne le montre pas. Quand il se retrouve en consultant dans une écurie dont il pourrait être le team manager, Schumacher est en décalage avec lui-même.

En définitive, Schumacher est, à la fois, assez désœuvré et vulnérabilisé pour s'amuser ici et là sur des motos de compétition en y risquant sa peau avant de céder à l'irrésistible pulsion d'un retour aux sources de sa carrière chez Mercedes. Cette opération n'est pas inédite. À l'exemple d'Alain Prost revenu chez Renault en fin de carrière, Schumacher a souvent laissé entendre qu'un retour chez Mercedes achèverait son cycle personnel.

Cette aspiration de Schumacher correspond idéalement à un plan marketing de Mercedes identifiant Schumacher à Mercedes vis-à-vis des jeunes générations germaniques. À 42 ans (depuis le 3 janvier 2011), Schumacher se sent bien à la fois dans sa combinaison grise et dans sa peau.

Pour mémoire et en témoignage d'admiration, voici son palmarès record :

– 268 GP entre 1991-2006 et 2010.

– 68 pole positions.

– 91 victoires sur quatre continents (Europe 58, Asie 13, Océanie 4, Amérique 17).

– 7 titres mondiaux : 1994-1995 (Benetton), 2000-2001-2002-2003-2004 (Ferrari).

– 24 GP consécutifs dans les points (entre la Hongrie 2001 et la Malaisie 2003).

– 154 podiums (entre GP du Mexique 1992 et GP de Chine 2006).

– 76 records du tour (le premier GP de Belgique 1991, le dernier GP du Brésil 2006).

SENNA Ayrton (Brésil)

Né le 21 mars 1960 et décédé le 1er mai 1994. En ce mois d'août 1983, trois jeunes pilotes, sur offre (pas du tout désintéressée) de McLaren, l'Anglais Martin Brundle (24 ans), l'Allemand Stefan Bellof (26 ans) et le Brésilien Ayrton Senna Da Silva (23 ans) testent une McLaren-Ford, munie d'un moteur de 550 CV. La séance est, en principe, secrète. Herbie Blash, le manager de Brabham, ne perd rien de cette séance dont il chronomètre lui-même les différents tours. Blash est chargé de mission de Bernie Ecclestone, propriétaire de l'écurie Brabham, qui veut enrôler Senna pour 1984.

Averti – on ne sait trop comment –, un Brésilien s'oppose radicalement à tout projet avec Senna : c'est Nelson Piquet, champion du monde 1981, et futur champion du monde 1983, toujours avec Brabham-BMW. La renommée ascendante de Senna agitait le marché de la F1. Ecclestone, d'ailleurs, s'emploie à écarter Senna de tout accès immédiat à McLaren.

Ainsi donc, ce brillant Brésilien collectionnait les offres, réelles ou virtuelles. Mais, en quelques semaines, il ne restait, finalement, qu'une seule écurie, Toleman (avec les pneus Pirelli), capable de l'accueillir. Senna s'y résigna, en formulant certaines exigences.

D'abord, il ne demande pas moins de trente-cinq invitations par GP. Ensuite, il arrive à son premier GP, le 25 mars 1984, à Jacarepagua, avec une combinaison ornée d'une demi-douzaine de badges publicitaires non enregistrés par son écurie. Alex Hawkridge, son team manager, lui ordonne de retirer ceux qui ne figurent pas (les trois quarts !) sur son contrat. Au fil d'interminables négociations nocturnes, entre São Paulo et Londres, les avocats de Senna croyaient avoir obtenu satisfaction. Ils tentaient, simplement, un coup de force dans l'imminence du premier GP. Senna avait aussi obtenu l'option de quitter l'écurie, unilatéralement, selon son choix.

Dès son deuxième GP, en Afrique du Sud, Senna marque son premier point mondial. Ce samedi 7 avril devient une date historique. En plein championnat, Toleman délaisse Pirelli (après le GP de Saint-Marin) pour Michelin. Sous une pluie torrentielle, à Monaco, Senna finit deuxième. Le Brésilien, qui a été éblouissant, dénonce une conspiration : le GP a été amputé d'une quarantaine de tours.

Sept GP plus loin, à Zandvoort (Pays-Bas), la foudre tombe dans le paddock. Sans aucune rumeur préalable, Lotus publie un communiqué laconique : l'arrivée de Senna pour 1985. Et un autre pour confirmer la prolongation de Lotus avec Renault. Les deux informations sont liées. Après une brève suspension (un GP), Senna finit son premier championnat en trombe : le 21 octobre 1984, il monte sur le podium du GP du Portugal derrière Niki Lauda et Alain Prost.

Bref, Senna s'installe sur une orbite mondiale. L'exploit dont il a été privé le 3 juin 1984 à Monaco, Senna l'accomplit, le 21 avril 1985, en grandeur nature, sous les trombes d'eau d'Estoril, en bordure de l'océan Atlantique. Sa première victoire est en soi une éclatante confirmation. Désormais, il enchaîne plus les pole positions, sept en 1985 et huit en 1986, que les victoires, deux en 1985 et deux en 1986. Pour l'ambitieux Senna, 1987 est l'année de vérité : Lotus utilise le moteur Honda, encore en rodage. Une seule pole position et deux victoires, Senna s'avoue frustré.

En cet avant-dernier jour de juillet 1987, Ron Dennis traverse d'un pas rapide l'aéroport de Roissy. Il s'envole pour Tokyo et, par rapport à Heathrow, a choisi la discrétion en partant de France. Il multiplie les réunions au Tokyo Hilton avec les managers supérieurs de Honda.

Le 4 septembre 1987, Ron Dennis conduit un cabriolet Mercedes dans le parc de Monza devant le restaurant Saint Georges Premier. Alain Prost et Ayrton Senna en sortent ensemble, souriants. Honda devient le motoriste de McLaren et du duo Prost-Senna. Détail : Senna a agi avec Lotus comme naguère avec Toleman. Il met son employeur devant le fait accompli.

En petit comité, ce même jour, il confie s'inspirer de Juan Manuel Fangio qui, dans les années 1950, s'autotransféra ainsi : 1950 Alfa Romeo, 1951 Alfa Romeo, 1953 Maserati, 1954 Maserati puis Mercedes, 1955 Mercedes, 1956 Ferrari, 1957 Ferrari, 1958 Maserati. Le challenge proposé à Prost et Senna se résume en cet axiome : le meilleur de l'écurie sera le meilleur du monde ! Ni Prost ni Senna n'ont jamais eu un partenaire de leur dimension. L'affaire s'annonce réciproquement rude. En 1988, les victoires s'enchaînent, sans accroc du moins jusqu'à Monza où Berger trouble la suprématie Honda-Senna-Prost. Le bilan final s'établit ainsi : Senna (8 victoires) est champion du monde devant Prost (7).

Les démonstrations du Brésilien, totalement épanoui, coupent le souffle. « C'est l'artiste suprême », écrit-on dans le monde entier. Raffinement : Senna est champion du monde à Suzuka, chez Honda. Son idolâtrie dépasse l'imagination : à Suzuka pour couvrir les 800 mètres du Suzuka Circuit Hotel au paddock, Senna s'allonge dans l'allée centrale du minibus sous une couverture.

En 1989, la situation Senna-Prost se dégrade. Le Français a donné sa démission le 7 juillet, avant le GP de France. Au total des victoires, Senna (6) domine Prost (4). Mais, après un incident entre eux dans la chicane Suzuka, Prost est consacré champion du monde.

Le Français signe chez Ferrari. Senna, couronné une première fois en 1988, supporte mal d'attendre la fin 1990 pour redevenir champion du monde.

D'ailleurs, Senna n'a reculé devant rien : au départ du GP du Japon le 21 octobre 1990, il percute délibérément la Ferrari de Prost. Les relations entre les deux champions sont glaciales. En 1991, Senna va se découvrir un autre rival en la personne de Nigel Mansell. Son troisième titre mondial est aussi le plus facile. « Maintenant, je rejoins Alain », dit-il ironiquement en devenant à son tour triple champion du monde (1988, 1990, 1991), encore et toujours sur ce tracé de Suzuka dont il est le héros pour des millions de Japonais.

L'ère Senna se termine, en 1992 : Honda ne développe plus son moteur. Sur une Williams-Renault, Nigel Mansell domine Senna, sans avoir oublié qu'il lui doit son éviction de Lotus en 1985. En vérité, en 1992, Senna est mal parti. Car, après Mansell-Renault, le trio Williams-Renault-Prost de 1993 occulte sa trajectoire vers Williams.

À titre personnel, pendant cette année 1993, Williams multiplie les opérations de séduction auprès de Senna. L'Anglais rêve de reconstituer le duo Senna-Prost. « Frank est le seul à y croire », dit-on, à voix basse, chez Renault.

Dès le mois d'août 1993, Williams dévoile sa machine de 1994 à Senna. Inconscient, l'Anglais précipite surtout le départ de Prost.

En cette année 1993, sur sa McLaren-Ford, Senna, qui dispose d'un contrat « course par course », réalise des miracles. Il n'a rien à perdre. Il l'emporte en cinq occasions (Brésil, Europe, Monaco, Japon, Australie). Il est au sommet de son art. Ses arrière-pensées ne sont pas innocentes : en se surpassant, il conforte aussi ses chances d'un fructueux contrat chez Williams qui a vanté, à l'avance, sa présence chez lui en 1994 à un mécène du tabac.

Quand Alain Prost annonce sa retraite, le 24 septembre 1993, Williams est pris au piège. Il a, en poche, la signature (acquise) d'Ayrton Senna. Mais, vis-à-vis du sponsor majeur, le duo Senna-Prost, le plus emblématique qui soit, ne sera pas reconstitué. L'histoire ne s'écrit jamais qu'une fois.

En 1994, rien ne tourne rond pour Senna. Pour l'ouverture du championnat, devant son public de São Paulo, il doit abandonner. La Williams-Renault se révèle très pointue à conduire. Dans le GP du Pacifique, à Aida, il ne couvre même pas 300 mètres sur une collision avec Mika Häkkinen.

À son arrivée à Imola, pour le GP de Saint-Marin, Senna n'a pas marqué le moindre point. Il se sent, consciemment, en handicap maximal devant Michael Schumacher, 20 points en deux GP.

Il réussit sa soixante-cinquième pole position depuis le 21 avril 1985 (Portugal). La dernière.

Il prend le départ de ce GP, le dernier de ses 161 GP depuis le 27 mars 1984 (Brésil). Sa trajectoire de champion se fracasse sur le béton au soleil de mai de l'Émilie-Romagne. C'est tout. C'est énorme.

La tristesse d'une mort en direct devant la planète accentue l'événement. En un éclair, la tragédie de Senna devient un phénomène universel.

Sur place, dans le paddock d'Imola, assis sur son fauteuil de paralysé, Frank Williams, les traits plus blancs et délavés que jamais, lâche des bribes de phrases. Des mots épars qui traduisent mal le désarroi et l'accablement d'un homme qui se sait, de par sa responsabilité de chef d'entreprise, impliqué dans cette tragédie.

Williams n'a jamais caché qu'il attendait Senna depuis, au moins, une dizaine d'années. C'est la stricte vérité. En même temps, il ne rend à Ayrton qu'un curieux hommage : « Ayrton est mort sans être allé au bout de sa trajectoire de champion. » Dans ce propos, la banalité le dispute à l'authentique. Les seigneurs de la vitesse n'ont jamais le droit d'aller trop vite. Et en dehors de la piste.

Bien avant Michael Schumacher, Senna aurait pu courir vers les cinq titres mondiaux de Fangio, légendaires à l'époque. Les deux Sud-Américains, l'Argentin des années 1950 et le Brésilien des années 1980-1990, se nourrissaient une profonde estime réciproque. Senna ne manquait jamais de téléphoner à Fangio chaque fois qu'il revenait à São Paulo. Avant l'ouverture européenne de ce championnat 1994, Senna avait glissé à Fangio quelques observations confidentielles sur sa machine.

Ce 1er mai 1994, en apprenant brutalement la mort de Senna, Fangio eut un malaise émotionnel. Il venait de perdre son descendant.

SIGLES (1)

De tous les sigles qui émaillent l'histoire de la F1 le plus important est AIACR (Association internationale des automobile clubs reconnus), créé en 1925 lors du Trophée Gordon-Bennett par les délégués de sept pays séduits par la compétition automobile. Le baron de Zuylen fut le président de cette AIACR installée à Paris au siège de l'Automobile Club de France.

Une quarantaine d'années plus tard, l'AIACR se transforma en Fédération internationale de l'automobile. Cette mutation qui précipita l'expansion du sport auto respecta une symbolique continuité de lieu : 8, place de la Concorde, Paris, VIIIe arrondissement. Là où elle réside toujours.

En vérité, cette AIACR qui avait vocation d'être le berceau du sport auto a tenu ses promesses.

SIGLES (2)

Voici une série non exhaustive de sigles répandus dans le sport auto en liaison (plus ou moins proche) avec la F1. Et fréquemment utilisés par les médias, avec (ou sans) explication.

ACM : Automobile Club de Monaco.

BPIC : Bureau permanent international des constructeurs.

CART : Championship Auto Racing Teams (USA).

CSI : Commission sportive internationale.

CTI : Commission technique internationale.

CVC : Partners City (Bank) Venture Capital (actionnaire majeur de Bernie Ecclestone).

FFSA : Fédération française du sport automobile.

FISA : Fédération internationale du sport automobile (1979-1992).

FOA : Formula One Administration.

FOCA : Formula One Constructors Association.

FOM : Formula One Management.

FOTA : Formula One Team Association.

GPDA : Grand Prix Drivers Association.

PRDA : Professionnal Drivers Association.

RRA : Ressources Restriction Agreement.

TAI : Tribunal d'appel international.

Certaines de ces associations peuvent être en sommeil.

SIMULATEURS

Dans tous les parcs d'attractions du monde, les visiteurs se pressent devant les stands de conduite virtuelle. Pour s'installer devant un tableau de bord, prendre un volant dans les mains, pour effectuer les manœuvres courantes à diverses allures, se garer, rouler en ville ou sur autoroute, éviter les accidents, aiguiser ses réflexes, etc.

C'était inévitable : la compétition automobile, essentiellement la F1, a récupéré ce qui n'était qu'une distraction pour jeunes et moins jeunes pour une expérimentation professionnelle.

Aujourd'hui, toutes les écuries et tous les constructeurs reproduisent des essais ou des courses en dimensions et en performances exactes avec des simulateurs perfectionnés.

La sophistication de ces engins – un cockpit devant un mur d'images – est assez maximale pour faire défiler toutes les péripéties, y compris les plus extrêmes, d'une course, du départ à l'arrivée, quelles que soient les conditions météorologiques, l'encombrement de la piste, les schémas de dépassements et de collisions, le rituel des ravitaillements, l'évolution du revêtement, etc.

Bref, tout est mis en œuvre pour qu'en sortant d'une séance de simulation – qui peut aller jusqu'à la durée d'un GP, neutralisation comprise – le pilote soit préparé à retrouver, lors du prochain GP, les sensations éprouvées dans un simulateur totalement expérimental.

En définitive, le virtuel reconstruit (de la vitesse et de la course) sert d'approche instructive pour le réel (de la vitesse et de la course). Réciprocité ou dualité, peu importe : la frontière virtuel-réel est précaire.

On mesure bien ce que les écuries et les constructeurs peuvent retirer de cet amalgame entre le virtuel et le réel : il s'agit de rétrécir constamment la part d'inconnu dans l'approche d'un GP, des essais du vendredi jusqu'au podium du dimanche.

En caricaturant, les pilotes rodés et instruits sur des simulateurs se transforment, de manière consciente ou pas, en robots humains.

En fait, après enquête, on s'aperçoit que les enseignements fournis par les simulateurs à des fins d'analyse instantanée (ou à terme) sont plus fréquemment récupérés et exploités par les techniciens que par les pilotes eux-mêmes.

Autrement dit, le facteur humain objectif subsiste à la fois dans sa capacité de surpassement individuel, son appréciation millimétrée et infinitésimale des péripéties insolites, les évaluations opérationnelles et tactiques d'une course, etc.

D'ailleurs, le dialogue entre un pilote et ses ingénieurs se transforme fréquemment en concertation tripartite, à la moindre irruption d'un facteur en forme d'Ovni, un objet volant non identifié. Mais oui, ça peut arriver sous la forme d'une erreur d'appréciation individuelle, d'une averse brutale, d'un accident impliquant plusieurs machines, etc.

Cette ultramoderne F1 nourrie, sinon vitaminée, par sa propre simulation, élargit l'espace de réflexion et de recherche des techniciens.

Mais, dans le même temps, elle n'est favorisée, en bout de raisonnement, que par les pilotes eux-mêmes, les immortels dépositaires de l'aspect humain de la F1.

Depuis plus de soixante ans, ils sont les seuls à courir, à assumer tous les risques et à se tuer…

STEWART Jackie (Écosse)

Né le 11 juin 1939. Quand Jackie Stewart reçoit, en hommage à son premier titre mondial (1969), le Jim Clark Trophy de la part du Scottish Motor Racing Club, il atteint un seuil maximal de fierté. Lui qui a débuté en F1 en 1965, soit cinq ans après Jim Clark, se réjouissait d'une longue dualité Clark-Stewart, sur les circuits, dans la fraternité de la vitesse et de l'Écosse. Mais Clark s'est arrêté à Hockenheim le 7 avril 1968…

Dès sa première victoire, le 12 septembre 1965 à Monza sur BRM, pour sa huitième course, Stewart annonce la couleur. Désormais, pendant les huit années de carrière, il remporte au moins un GP par an (1965, 1966, 1970) et beaucoup plus les autres années, principalement entre 1968 et 1973. Sa vingt-septième victoire (qui laisse Clark à deux courses d'écart), le 5 août 1973 au Nürburgring, est saluée comme une grandissime performance.

Stewart, après BRM, s'est associé avec Ken Tyrrell, sous le signe de Matra et Ford. Cette opération débouche, en un an, sur un titre mondial (1969) qui en contient deux autres, en gestation technique et humaine. Ce duo Tyrrell-Stewart captive Elf qui entame une grande opération de communication mondiale. Les pilotes français (Servoz-Gavin, Cevert, Depailler, entre autres) participent à cette entreprise de longue haleine.

Pour sa part, Stewart, en gestionnaire méthodique de son talent et de ses intérêts, rejoint IMG, la société de Mark H. McCormack, en compagnie de Jean-Claude Killy, Jack Nicklaus et Rod Laver. Entre autres. Il invente un concept de pré-servation de ses activités en piste : « Je ne m'occupe que des performances qui conditionnent ma rentabilité profession-nelle. » À sa manière, Stewart est un novateur.

Dans son cockpit, en triple champion du monde (1969, 1971, 1973), il est à l'aise sur tous les circuits. Lui qui doit beaucoup à l'industrie française (Matra et surtout Elf) s'emploie à former son successeur chez Tyrrell, François Cevert (depuis 1970), et à préparer sa sortie délibérée le 7 octobre 1973 dans le GP des USA à Watkins Glen. Il n'avait mis que quatre proches dans la confidence (Helen, sa femme, Walter Hayes, Ken Tyrrell, François Guiter). L'accident mortel de Cevert, aux essais du 6 octo-bre, le prive de son centième et ultime GP.

Stewart traîne en lui le remords de ne pas avoir informé Cevert de son retrait. Chaque année, depuis 1973, il fait fleurir, le 6 octobre, la tombe de Cevert, près de Saumur.

En définitive, entre les deux accidents mortels de ses très pro-ches (Jim Clark, François Cevert) et sa trajectoire sportive excep-tionnelle de méthode et de gestion, Jackie Stewart a été en avance sur son époque. Le plus moderne, quoi. Et surtout il le reste encore. Cet Écossais, à la silhouette en perpétuel mouve-ment, attend toujours son double.

SURTEES John (Grande-Bretagne)

Né le 11 février 1934. Champion du monde moto 500 cc sur MV Agusta en 1956 (à 22 ans), en ouverture d'une série de sept ultérieures consécrations (en 350 et 500 cc), John Surtees n'a mis que huit ans pour le devenir en F1, le 25 octobre 1964 (à 30 ans) à Mexico.

Cette dualité deux roues-quatre roues n'est pas un phéno-mène spontané. Surtees n'est pas passé directement de MV Agusta à Ferrari. Il s'était rapproché de la F1, en 1958, sur une idée de Mike Hawthorn, qui lui conseille de contacter l'écurie Vanwall.

Mais ce n'est qu'en 1960, après diverses péripéties qu'il entre en F1 à Monaco, le 29 mai 1969, sur une Lotus-Climax. Exactement comme Graham Hill le 18 mai 1958, sur une Lotus-Climax également. L'analogie avec Graham Hill est frappante : Colin Chapman engage Surtees en succession de Graham Hill.

Réaliste, Surtees ne tarde pas à saisir que le statut de partenaire de Jim Clark et de Stirling Moss ne facilite pas l'accès à une médiatisation (bien) rémunérée.

Comme tous les virtuoses de la moto, Surtees étonne ses adversaires et les foules par son aisance en peloton. Sa prise de risque contrôlée est maximale. À sa manière, il devient une attraction. Avant Ferrari, il transite par Lola, une écurie artisanale dans laquelle il s'exprime mieux, au moins dans les contacts avec les techniciens, que dans le système Lotus sous la férule de Colin Chapman.

Dès lors que Ferrari entre en contact avec lui, Surtees ne s'appartient plus. Son audace de pilotage a séduit Enzo Ferrari. Cet Anglais le captive aussi par son habileté tactique. Avec deux victoires en 1964 (Allemagne, Italie surtout) et quatre podiums, il se mêle à la lutte pour le titre. Aux dépens de son partenaire Lorenzo Bandini, réduit à un rôle de comparse, mais soutenu par le directeur sportif, l'inflexible Dragoni.

Toujours est-il que Surtees, même devancé aux essais par Bandini, tient un rôle majeur dans ce GP du Mexique en face de Graham Hill (BRM) et Jim Clark (Lotus). Dans le même temps, Surtees court avec un V 8 et Bandini avec un V 12. Le duel Surtees-Bandini est la clé du championnat du monde.

En altitude, les moteurs perdent de leur puissance, les V12 moins que les V8. Surtees s'impose en sortant du dernier virage avec moins d'une seconde d'avance sur Bandini. Ferrari ne retient pas ce champion du monde.

Sa carrière, désormais désordonnée, aboutit en 1970 (après Cooper, Honda, BRM, McLaren) à la création de son écurie Surtees-Ford. Un échec. Peu importe : il a été le premier double champion du monde moto-F1. Il reste unique en son genre.

SZISZ Ferenc (Hongrie)

Né le 20 septembre 1873 et décédé le 21 février 1944. Le tout premier GP de France, d'ailleurs répertorié dans l'histoire comme le GP de l'Automobile Club de France, se déroula au Mans, une ville qui avait déjà la passion de la compétition automobile, le 26 juin 1906.

Et le tout premier vainqueur, entré dans l'histoire du sport auto, fut le Hongrois Ferenc Szisz, employé aux usines Renault.

Mais Szisz, tout en étant le premier héros d'une grande course automobile, ne fit pas école, du moins dans son pays natal. Car, depuis ce 26 juin 1906, aucun pilote hongrois n'a gagné un seul GP dans ce qui allait devenir la F1 moderne et universelle.

Pourtant, en 2003 (sur une Jordan-Ford) et en 2004 (aux commandes d'une Minardi-Cosworth), le Hongrois Zsolt Baumgartner (23 ans), fils d'un gros importateur hongrois d'automobiles, disputa une vingtaine de GP.

Par sa seule présence, relativement modeste, Baumgartner réveilla la mémoire du sport auto. Les références à Ferenc Szisz furent nombreuses.

Zsolt Baumgartner fut, en plus, le premier Hongrois à marquer… un point dans le championnat du monde. Cela se passa à Indianapolis, le 20 juin 2004, dans le GP des USA. Baumgartner se classa huitième derrière David Coulthard. Détail anecdotique : quelques spectateurs hongrois, émigrés aux USA et noyés dans les immenses tribunes d'Indianapolis, s'empressèrent, après la course, d'aller à la rencontre de leur compatriote. Ce ne fut pas une entreprise commode dans les embarras et les contrôles du paddock.

Quant à Baumgartner, pas du tout habitué à déclencher un tel courant d'allégresse et de curiosité sur sa personne, il garde de cette péripétie de carrière une image réconfortante.

Le 14 août 2004, il participait aux qualifications du GP de Hongrie sur l'Hungaroring. À la fin de ces essais, des médias hongrois l'encerclèrent. Ils venaient d'apprendre qu'un train fou avait défoncé, à 140 km/h, la devanture de la concession Renault d'Antal Baumgartner, le père de Zsolt. On ne déplorait, heureusement, qu'un seul blessé léger.

Mais Baumgartner fit les gros titres des médias de Budapest le lendemain. La référence à Ferenc Szisz s'estompa.

Aujourd'hui, la Hongrie attend toujours un vrai successeur à Ferenc Szisz…

T

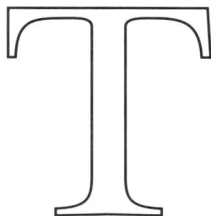

TAMBAY Patrick (France)

Né le 25 juin 1949. Dans le premier trimestre 2010, le Suisse Miguel Hernand, qui réside à Villars-sur-Ollon, reçut de Patrick Tambay une plaquette symbolique : la photographie du panneau de départ du GP d'Argentine, le 21 janvier 1979, à Buenos Aires. Gilles Villeneuve (Ferrari), 1'46"88, et Patrick Tambay (McLaren-Ford), 1'46"56, se partagent la cinquième ligne sur cette grille écrasée de soleil.

C'est la première fois de leurs carrières respectives qu'ils se retrouvent sur la même ligne. Tambay aborde sa deuxième saison. Villeneuve dispute son quatrième GP. Tous deux abandonnent.

Le poids psychologique de ce petit panneau, Tambay le porte toujours en lui, dans sa peau. Tout simplement parce que, le 26 mai 1982 – soit dix-huit jours après l'accident mortel de Gilles Villeneuve à Spa, le 8 mai –, Didier Pironi, mandaté par Enzo Ferrari, téléphone à Tambay et lui propose le volant de la Ferrari n° 27.

Tambay, qui sort d'une délicate saison Ligier-Matra, est en vacances à Hawaï. Il s'étonne d'être contacté par Pironi : « Le Commendatore m'a confié cette mission. Marco Piccinini te téléphonera pour les détails matériels. »

Un peu plus de deux décennies plus loin, Tambay se souvient toujours de cette anecdote. Il n'est, en 1982, l'équipier de

Pironi que pendant trois GP (Hollande, Angleterre, France). À Hockenheim, par un samedi 7 août 1982 très humide, l'accident de Pironi le laisse unique pilote de la Scuderia. Il remporte sa première victoire de carrière le 8 août, devant René Arnoux (Renault) et Keke Rosberg (Williams). « Je n'aurais jamais osé envisager une telle réponse à une destinée cruelle », dit Tambay, le regard sombre.

L'année suivante, le 1er mai 1983, à Imola, en s'installant en deuxième ligne sur la grille de départ, Tambay découvre un drapeau canadien frappé du n° 27 (celui de Gilles Villeneuve) sur son emplacement. Ce drapeau le ramène à une terrible réalité. Sa victoire est un message de sensibilité.

Bref, en deux années 1982-1983, Tambay savoure le plaisir d'être redécouvert par la F1. Avant un sale coup. Le 26 septembre, dans l'après-midi, Enzo Ferrari reçoit René Arnoux et Michele Alboreto à Maranello. Pendant cette entrevue, Marco Piccinini appelle Tambay, à Villars-sur-Ollon. Une heure avant le communiqué officiel, Tambay apprend qu'il est écarté, pour 1984, de la Scuderia.

Avant la fin de la saison, Tambay revient sur le marché des pilotes. Enzo Ferrari et Marco Piccinini l'ont couvert de louanges verbales pour sa dignité.

En fait, Tambay est aussi songeur que réellement déçu. Basta, Ferrari ?... Au nom de Renault, Gérard Larrousse l'a déjà sondé pour succéder à Eddie Cheever chez Renault comme partenaire d'Alain Prost. « C'était une très bonne nouvelle », dira Tambay, un peu plus tard, une lueur de nostalgie dans le regard.

Trois jours après le dénouement pathétique du GP d'Afrique du Sud à Kyalami, Alain Prost et Renault divorcent spectaculairement. La soudaineté de cette rupture interpelle Tambay puis la France entière. Mais il n'est surtout pas question pour Tambay de renoncer à un volant Renault. Il est associé, pour 1984, à l'Anglais Derek Warwick (29 ans), qui vient de passer trois ans de rodage chez Toleman.

Bref, en l'espace de deux ans, Tambay se trouve sollicité par deux grandes écuries, Ferrari et Renault, en invité express. Lui qui avait tout misé en début de carrière sur McLaren-Ford puis

Ligier-Matra découvre les aspérités de la relance d'une carrière talentueuse.

Sur l'ensemble de ses qualités originelles et de sa trajectoire, ce gentleman des circuits aurait amplement mérité un meilleur palmarès. Mais l'image laissée par Patrick Tambay, celle d'un gentleman de la F1 au-dessus des modes et des intrigues, est indestructible.

Aujourd'hui, c'est Adrien Tambay, son fils, qui défend, avec élégance et talent, un nom de prestige sur tous les circuits.

TAPER

« Tu sais ?... Untel a *tapé* vraiment fort. Salement même. » Dans le (petit) monde de la course auto, cette brève de paddock, lâchée comme ça sur l'instant, sinistrement prophétique, est (généralement) un message de fatalité.

Les explications et les commentaires suivent, avec force détails complémentaires.

En règle générale, quand ce type de propos circule dans un certain milieu, étroit ou pas – un stand ou un paddock –, lors d'un week-end de compétition, c'est déjà tard. Trop tard. Le pire est déjà survenu. Et enregistré.

La signification de ce verbe *taper* n'est donc qu'une déviation de vocabulaire et de syntaxe, ou plutôt une lugubre récupération allusive par les habitués des circuits et des paddocks.

D'ailleurs, après le choc, quel qu'il soit, d'un engin mécanique sur un circuit, l'appréhension d'une mauvaise nouvelle hante les familiers du milieu. Ils redoutent de devoir se préparer au pire tout en ayant une furieuse envie d'en savoir plus. Toujours plus, encore plus.

Mais, en définitive, rien n'est plus angoissant que le silence.

Dans le genre des catastrophes individuelles, la terrible chape de plomb qui tomba, le samedi 6 octobre 1973, sur le site de Watkins Glen, à la fin des essais du GP des États-Unis, glace toujours le sang des acteurs et des témoins de cette pathétique minute. Plus de trente-sept ans plus tard…

La feuille des qualifications était en voie d'officialisation. François Cevert avait insisté, auprès de son team manager Ken Tyrrell, pour tourner encore. Deux tours au moins, un de lancement, un de performance.

Captivé par le perfectionnisme de celui qui assumerait le leadership de l'écurie en 1974, Ken Tyrrell accepta.

Alors que les monoplaces regagnaient leurs stands respectifs l'une après l'autre, Cevert s'élança… pour ne jamais revenir. Sur un virage bosselé, en une portion éloignée du circuit, sa machine s'immobilisa en *tapant* très, très fort sur une barrière…

Tout au long de ce sinistre samedi, jamais la formulation d'avoir *tapé* réellement fort se répéta comme un faire-part d'enterrement. D'une certaine manière aussi, un pilote qui se tue pour avoir *tapé* très fort, meurt au champ d'honneur de la course.

TECHNIQUE

En F1, dans la mesure où les anglicismes sont (très) répandus certaines traductions peuvent se révéler utiles…

Chicane : dispositif installé sur la piste pour créer des virages artificiels et ralentir les machines.

Compound : la partie d'un pneu en contact avec le sol. Essentielle dans la performance intrinsèque des pneus.

Diffuser : partie arrière du plancher de la machine qui contrôle la vitesse de circulation de l'air. Et détermine l'effet de sol de l'auto.

Drive-Through Penalty : une sanction effectuée sur-le-champ par le pilote, obligé de revenir dans la zone des stands à une vitesse contrôlée.

G-Force : la force de gravité améliore la traction de la machine et génère un surcroît d'accélération dans les virages.

Grip : la tenue de route dépend de l'efficacité des pneus à s'accrocher à la piste. Le choix des pneus est crucial.

Kers : le Kinetic Energy Recovery System a été légalisé en 2009. Il a vocation de récupérer l'énergie perdue de la machine pendant les freinages.

Monocoque : la tête de la pièce unique dans laquelle se trouve le pilote avec le moteur installé à l'arrière et la suspension accrochée à l'avant de chaque côté.

Parc fermé : en français, dans les textes internationaux. Un héritage de coutume désormais ancré dans les règlements. Une zone close et délimitée dans laquelle les machines sont garées après les qualifications et la course pour être vérifiées par les commissaires officiels.

Safety Car : la voiture de sécurité n'entre en piste, devant les machines de course, que sur une décision des commissaires pour obliger les pilotes à ralentir en gardant leurs positions.

Stop-Go Penalty : sanction de 10 secondes infligée à un pilote contraint de regagner son stand et de s'immobiliser sans ravitaillement autre qu'un changement de pneus.

Turbulence : conséquence de la perturbation du flux d'air par un incident technique ou autre.

TODT Jean (France)

Né le 25 février 1946. L'histoire de la F1 s'accélère en cette journée de décembre 1992 quand Jean Todt ouvre la porte de son appartement parisien, près de l'Étoile, à Luca di Montezemolo pour un rendez-vous de travail annoncé. Pour redonner à la Scuderia Ferrari son éclat passé, Bernie Ecclestone n'a suggéré qu'un seul nom, Jean Todt.

Le processus de réflexion s'enclenche à un rythme soutenu. Dès le 24 mars 1993, Me Henry Peter, l'avocat suisse de Ferrari, présente à Todt un protocole contractuel.

Le Français, qui rêvait d'entrer en F1 avec Peugeot, ne peut pas s'empêcher d'être flatté par l'offre de Ferrari. De plus, certains souvenirs personnels le relient au Commendatore.

Trois jours après les 24 Heures du Mans 1993, qui ont consacré la Peugeot 905, Jean Todt franchit le seuil du motor-home Ferrari, garé dans le paddock carré de Magny-Cours en forme de corral de western. Il effectue ses premiers pas officiels en F1 avec le Français Jean Alesi (troisième saison consécutive chez Ferrari) et l'Autrichien Gerhard Berger (deuxième saison chez Ferrari après la période 1987-1989).

En découvrant la face cachée de la F1, Jean Todt qui a bourlingué avec réussite dans les rallyes, les rallyes-raids et l'endurance, apporte son expérience du sport auto, son sens du management et reçoit une mission sublimée à accomplir. Ramener Ferrari au premier plan.

Pour charpenter son (grand) projet, il faut à Todt un très grand pilote. En 1993, Michael Schumacher n'a rien gagné encore. Mais Todt voit plus loin. Il bouscule la stratégie de partenariat de Philip Morris, articulée depuis des lustres autour de McLaren, écurie phare, et de Ferrari, satellite.

S'employant à séduire Michael Schumacher, pendant la période 1994-1995, Todt persuade Philip Morris de tout miser sur Michael Schumacher-Ferrari au détriment de McLaren-Häkkinen en période post-Senna. La transition vers Schumacher séduit Philip Morris. Et irrite McLaren, laissé sur la touche après un quart de siècle de partenariat.

La constitution du trio Schumacher-Ferrari-Philip Morris est la plus grande opération de la F1 en cette fin de siècle. L'intelligence de Todt consiste à bâtir autour de Michael Schumacher une dream team de techniciens et de partenaires. Michael Schumacher ne remporte son premier titre mondial avec Ferrari qu'en 2000. Cette fois, Todt a gagné son pari de résultat et d'image en atteignant un objectif suprême avec Michael Schumacher.

L'habileté de Todt ne consiste pas en l'exploitation de grands moyens financiers mais bien plus dans sa méticulosité de management de son projet Ferrari.

Néanmoins, au fil des années de 2000 à 2005, l'opposition à Ferrari s'organise. Battu pour le titre mondial en 2005 – pour la première fois depuis 2000 –, Schumacher est vulnérabilisé. Son deuxième revers consécutif en 2006 lui coûte cher. Il se retire sur la discrète pression de management de Ferrari, relayé par Fiat.

Pour Todt, sonne aussi la fin de son époque Ferrari. Il ne peut maintenir la Scuderia sous la pression qu'il lui imposait auparavant. Il conduit Kimi Räikkönen à son premier et unique titre mondial avec Ferrari. Une autre destinée l'attend.

La démission de Max Mosley, le président de la FIA, lui ouvre une voie triomphale. Il rassure le milieu du sport auto international en se présentant comme le candidat de la continuité. Il l'emporte aisément le 23 octobre 2009 contre un de ses anciens pilotes, le Finlandais Ari Vatanen, par 135 voix contre 49. Une nouvelle période d'existence s'ouvre pour lui.

À Paris, de l'immeuble Peugeot, à la Porte Maillot, à la FIA, place de la Concorde, Todt a suivi une trajectoire rectiligne. Même en passant, pendant quelques années, par Maranello.

TOTAL – ELF

Pour provoquer la renaissance de la F1 « à la française », en 1965, il fallait la création d'un grand groupe pétrolier français, Elf, centralisateur d'ambitions diverses et fédérateur de compétences. Dans un deuxième temps, la rencontre entre deux grands chefs d'industrie, Jean Prada (UGD[1] puis Elf) et Jean-Luc Lagardère (Matra). Tous deux sont dynamiques et entreprenants. Ils partagent la passion de la compétition et sont soutenus par Georges Pompidou, le Premier ministre.

De cette concertation naît l'élaboration d'un projet sportif orienté vers la F1 avec l'émergence, programmée, de deux écuries, Matra Sports (avec Jean-Pierre Beltoise) et Matra-Elf

---

1. UGD : Union générale de distribution (de produits pétroliers).

International (avec Jackie Stewart). Elf en est le puissant dénominateur commun.

Considéré comme le successeur de son compatriote écossais Jim Clark, Jackie Stewart, déjà double vainqueur en 1965 (GP d'Italie) et 1996 (GP de Monaco), dynamise cette aventure. Il en devient, à la fois, le fer de lance et la figure de proue.

D'entrée, la victoire de Jackie Stewart le 23 juin 1968 en Hollande amplifie les ambitions d'Elf. Beltoise est à côté de Stewart sur le podium. Un souffle d'optimisme durable passe sur la F1 française.

Si l'on se place dans une perspective globale, on doit relever, d'emblée, qu'entre ce 23 juin 1968, le succès de Stewart sur Matra-Ford à Zandvoort, et le 11 juin 2006, la victoire de Fernando Alonso sur Renault à Silverstone, Elf totalise 150 arrivées triomphales en F1. Ce n'était qu'une étape. Stewart avait ouvert une ère de hautes performances Elf. Alonso s'y est tout simplement intégré. Avec beaucoup d'autres.

La démonstration est, en tout cas, aussi éloquente par son volume que par sa diversité. Derrière Jackie Stewart, au long de cette période, on recense une pléiade de vainqueurs : Jody Scheckter, Patrick Depailler, François Cevert, Jacques Laffite, Jean-Pierrre Jabouille, Alain Prost, René Arnoux, Ayrton Senna, Elio de Angelis, Thierry Boutsen, Riccardo Patrese, Damon Hill, Michael Schumacher, Johnny Herbert, David Coulthard, Jacques Villeneuve, Olivier Panis, Jarno Trulli, Nigel Mansell, Fernando Alonso, Giancarlo Fisichella, etc.

Tous les palmarès, aussi riches et bien fournis soient-ils, ne traduisent jamais l'intensité des investissements humains, technologiques, sportifs et autres.

En vérité, l'apport d'Elf à la F1 a dépassé les espérances initiales en ce sens que la continuité des (hautes) performances s'est installée comme une donnée incontournable.

Mais dans les unions les plus longues et les plus productives, certaines solutions de continuité peuvent survenir. Pendant quelques années (1997-2001) à une époque où Renault avait à la fois quitté la F1 et conçu des plans de transition (Supertec), les liens de partenariat sportif Elf-Renault furent distendus. Dans le même temps, les accords de préconisation Elf-Renault, eux, n'étaient (surtout) pas remis en cause.

Cette dualité ne se comprend pas aussi aisément qu'elle s'expose. Mais un partenaire comme Elf supportait mal de ne pas être averti des grandes orientations de la politique sportive de Renault.

Tout revint au calme quand, en 2000, les communications entre Boulogne-Billancourt et les tours de la Défense de Nanterre furent pleinement rétablies. Il suffisait à Renault de glisser, en confidence, à Elf la vraisemblance d'un retour en F1 pour revenir à une compréhension réciproque totale[1]. Néanmoins, jamais ne fut contesté ou renié le processus de préconisation. L'assistance technique Elf est, d'une certaine manière, inséparable des performances Renault en F1.

L'arrivée ultérieure de Renault chez Red Bull (en 2007) ne pouvait, évidemment, que conforter le potentiel d'image Elf puis de Total, apparu en lettres « grandes comme ça » sur les machines. Comme d'ailleurs sur les autres monoplaces propulsées par des moteurs Renault.

Toujours est-il que, pour se cantonner à l'écurie 100 % Renault, le badge Elf arboré par Fernando Alonso dans le dernier GP 2008 (le 2 novembre au Brésil) avait été remplacé par un badge Total au premier GP 2009, le 23 mars à Melbourne.

Mais l'imposante arrivée de Total ne signifie pas pour autant le retrait d'Elf. Ce serait trop facile et caricatural. Sur les machines à moteur Renault, en y regardant de près on trouve un badge Elf, discret mais symbolique.

L'histoire de l'industrie française en F1 se répète et se poursuit. Hier, c'était Elf, aujourd'hui, c'est Total, en relais d'Elf.

En 2010, les titres mondiaux de Sebastian Vettel, Mark Webber et Red Bull appartiennent à la même lignée de recherche, de compétitivité, de rendement et de méthode. L'aventure continue.

---

1. Pour information, à l'intersaison 2010-2011, un processus identique se reproduisit entre Total et Renault. Les années passent, les hommes changent, les mécanismes relationnels restent identiques…

TOUS TITRES ELF

TITRES PILOTES		
Année	**Pilotes**	**Voitures**
1969	Jackie Stewart	Matra-Ford MS 10, MS 80
1971	Jackie Stewart	Tyrrell-Ford 001, 003
1973	Jackie Stewart	Tyrrell-Ford 005, 006
1992	Nigel Mansell	Williams-Renault FW 14B
1993	Alain Prost	Williams-Renault FW 15
1994	Michael Schumacher	Benetton-Ford B 194
1995	Michael Schumacher	Benetton-Renault B 195
1996	Damon Hill	Williams-Renault FW 18
2005	Fernando Alonso	Renault R 25
2006	Fernando Alonso	Renault R 26
2010	Sebastian Vettel	Red-Bull-Renault RB6

TITRES CONSTRUCTEURS		
Année	**Voitures**	**Pilotes**
1969	Matra-Ford MS 10, MS 80	Jackie Stewart
1971	Tyrrell-Ford 001, 003	Jackie Stewart, François Cevert
1992	Williams-Renault FW 14B	Nigel Mansell, Riccardo Patrese
1993	Williams-Renault FW 15	Alain Prost, Damon Hill

1994	Williams-Renault FW 16	Damon Hill, Nigel Mansell
1995	Benetton-Renault B 195	Michael Schumacher, Johnny Herbert
1996	Williams-Renault FW 18	Damon Hill, Jacques Villeneuve
2005	Renault R 25	Fernando Alonso, Giancarlo Fisichella
2006	Renault R 26	Fernando Alonso, Giancarlo Fisichella
2010	Red-Bull-Renault RB6	Sebastian Vettel, Mark Webber

FIN 2010 : 11 TITRES PILOTES,
10 TITRES CONSTRUCTEURS
= 21 titres

TOUS TITRES ELF-RENAULT

TITRES PILOTES		
Année	**Pilotes**	**Voitures**
1992	Nigel Mansell	Williams-Renault FW 14B
1993	Alain Prost	Williams-Renault FW 15
1995	Michael Schumacher	Benetton-Renault
1996	Damon Hill	Williams-Renault FW 18
2005	Fernando Alonso	Renault R 25
2006	Fernando Alonso	Renault R 26
2010	Sebastian Vettel	Red-Bull-Renault RB6

TITRES CONSTRUCTEURS		
Année	**Voitures**	**Pilotes**
1992	Williams-Renault FW 14B	Nigel Mansell, Riccardo Patrese
1993	Williams-Renault FW 15	Alain Prost, Damon Hill
1994	Williams-Renault FW 16	Damon Hill, Nigel Mansell
1995	Benetton-Renault	Michael Schumacher, Johnny Herbert
1996	Williams-Renault FW 18	Damon Hill, Jacques Villeneuve
2005	Renault R 25	Fernando Alonso, Giancarlo Fisichella
2006	Renault R 26	Fernando Alonso, Giancarlo Fisichella
2010	Red-Bull-Renault RB6	Sebastian Vettel, Mark Webber

FIN 2010 : 7 TITRES PILOTES,
6 TITRES EN TANT QUE MOTORISTE,
2 TITRES EN TANT QUE CONSTRUCTEUR
= 15 titres

TITRES ELF – RENAULT CONSTRUCTEUR

TITRES PILOTES		
Année	**Pilotes**	**Voitures**
2005	Fernando Alonso	Renault R 25
2006	Fernando Alonso	Renault R 26

TITRES CONSTRUCTEURS		
Année	**Voitures**	**Pilotes**
2005	Renault R 25	Fernando Alonso, Giancarlo Fisichella
2006	Renault R 26	Fernando Alonso, Giancarlo Fisichella

FIN 2010 : 2 TITRES PILOTES,
2 TITRES CONSTRUCTEURS
= 4 titres

TITRES ELF – RENAULT MOTORISTE

TITRES PILOTES		
Année	**Pilotes**	**Voitures**
1992	Nigel Mansell	Williams-Renault FW 14B
1993	Alain Prost	Williams-Renault FW 15
1995	Michael Schumacher	Benetton-Renault
1996	Damon Hill	Williams-Renault FW 18
2010	Sebastian Vettel	Red-Bull-Renault RB6

TITRES CONSTRUCTEURS		
Année	**Voitures**	**Pilotes**
1992	Williams-Renault FW 14B	Nigel Mansell, Riccardo Patrese
1993	Williams-Renault FW 15	Alain Prost, Damon Hill

1994	Williams-Renault FW 16	Damon Hill, Nigel Mansell
1995	Benetton-Renault	Michael Schumacher, Johnny Herbert
1996	Williams-Renault FW 18	Damon Hill, Jacques Villeneuve
2010	Red-Bull-Renault RB6	Sebastian Vettel, Mark Webber

FIN 2010 : 5 TITRES PILOTES,
6 TITRES EN TANT QUE MOTORISTE
= 11 titres

TOTAL 2010 (DES MAXI RETOMBÉES)

Au gré des dix-neuf GP 2010, la F1 s'est approchée en 2010 du seuil des 2 milliards de téléspectateurs sur quatre continents, Australie, Asie, Amérique, Europe. Ce bilan final – 1,9 milliard – revu à la hausse sur 2009 s'explique à la fois par l'intensité du championnat et l'indispensable suspense pour le titre mondial qui ne se termine qu'à Abu Dhabi, le 14 novembre 2010.

Avec Sebastian Vettel et Mark Webber, postulants jusqu'au dernier tour du dernier GP de 2010, Red Bull assura à Renault et à Total une identification maximale et positive.

Conséquence (confidentielle) : selon une première évaluation des retombées télévisuelles, Total dépassait le cap des 174 milliards d'euros en 2010.

Comme le surcroît de curiosité et d'intérêt que procure le n° 1 sur une machine est, paraît-il, prometteur, le championnat 2011 devrait dépasser 2010 en termes de volume final.

TREIZE

Le 1er janvier 2011, *L'Équipe* publiait à la une la splendide photographie d'Alain Mimoun, remontant au 1er décembre 1956, pénétrant en vainqueur du marathon dans le stade olympique de Melbourne (Australie). Mimoun arborait un grand dossard n° 13 en noir sur fond blanc. Ce numéro sautait aux yeux.

Pareil document est impossible en F1 car la phobie du n° 13 est inscrite dans les gènes des pilotes pour des raisons aussi ancestrales que strictement maléfiques.

Pour information, la dernière tentative de désacralisation du n° 13 sur une monoplace remonte au GP d'Angleterre 1976, à Brands Hatch. L'Anglaise Divina Galica tenta de se qualifier sur une Surtees, en arborant, non sans provocation ni ambition médiatique, le n° 13. Elle s'était même engagée, en cas de qualification, à solliciter l'accord de tous les pilotes du championnat pour courir avec le n° 13.

Non qualifiée, elle ne s'exposait plus à un refus massif garanti…

Par contre, comme toute règle suppose des exceptions, on sait que l'Allemand Mauritz von Strachwitz (GP d'Allemagne 1953) et le Mexicain Moises Solana (GP du Mexique 1963) jouèrent la provocation, avant Divina Galica, en s'exposant avec le n° 13. Sans aucune autre conséquence grave que l'hostilité de leur environnement. Ils ne poursuivirent pas dans cette voie.

Des centaines, voire des milliers d'anecdotes sont révélatrices de la suspicion qui entoure le n° 13.

En 2010, le forfait de l'écurie USFI Racing limita à douze le nombre d'écuries engagées dans le championnat du monde de F1. Officieusement et très discrètement, on songeait, en cas d'un championnat à treize écuries, à concevoir un stratagème pour éviter treize écuries et monter – mais comment ? – à quatorze écuries.

La malédiction qui accompagne le n° 13 est une donnée contemporaine tenace et, surtout, héritée du passé. À se cantonner à la F1, cette réaction ne cherche pas à s'expliquer. Elle existe. Un point, c'est tout.

Les coïncidences fatales, à partir du n° 13 et de ses multiples, interpellent sans répit, depuis des décennies. Lors du GP de Belgique du *26* juin 1939, l'Anglais Richard Seaman, âgé de *26* ans, dernier inscrit d'une course de *13* partants, roule sur la voiture n° *26* et sort de la piste au *13*ᵉ kilomètre après un ravitaillement de *26* secondes et avec encore *13* tours à courir.

Transporté à l'hôpital de Spa, l'infortuné Seaman s'éteint dans la chambre *39* le *26* juin 1939.

Même si cette accumulation de coïncidences et de péripéties ne se découvre à l'analyse, qu'après les événements, quels qu'ils soient, leur connotation n'en est pas moins négativement puissante…

Dans les années 1930, l'Automobile Club de France avait prononcé l'interdiction du n° 13 en course, tout en laissant à ses membres la liberté de choix. Mais cette indépendance se heurte, instantanément, aux réticences des adversaires. Dans un sport à (hauts) risques, l'interdiction du n° 13 est une mesure de salubrité collective.

Autre exemple : dans les années 1950, les pilotes refusaient de se laisser photographier juste avant le départ d'un GP de peur de voir ces photos utilisées ultérieurement avec le rappel de leur ultime départ en cas d'accident mortel. Nous sommes loin de la malédiction du n° 13 mais il s'agit de respecter certaines appréhensions ponctuelles.

Après l'accident mortel de Lorenzo Bandini dans le GP de Monaco le 7 mai 1967, son partenaire chez Ferrari, l'Anglais Mike Parkes, refusa, sporadiquement, d'aborder le n° 18 que portait Bandini et choisit le 17 *bis*.

Bien plus tôt, en 1925, dans le GP de Saint-Sébastien, Paul Torchy se tua au volant d'une Delage portant le n° 13. Et deux semaines plus tard, le comte Giulio Masetti, arborant aussi le n° 13, périt accidentellement dans la Targa Florio.

Cette persistance du n° 13 dans deux graves accidents accrédita la thèse de la malédiction du n° 13. Pour la plupart, les médias contemporains estiment que l'anathème public lancé sur le n° 13 n'a reçu sa justification et son pouvoir de nuisance, dans le sport automobile, qu'en raison de ces deux spectaculaires tragédies.

Quoi qu'il en soit, le n° 13 porte malheur au moins dans sa numérotation et son expression. D'énormes immeubles ne comportent pas de treizième étage. Certains hôtels ne proposent pas de chambre n° 13. Plusieurs compagnies d'aviation n'utilisent pas le treizième rang de leurs appareils, etc.

Cette superstition demeure inexplicable. Et c'est précisément ce qui constitue sa force.

Quant au vendredi 13, c'est une autre affaire. Le calendrier de la F1 s'efforce d'éviter ces vendredi 13 qui équivalent au premier jour des essais de chaque GP. Aligner toutes les monoplaces d'un GP sur un circuit un vendredi 13 risque de générer des réactions psychologiques négatives chez les pilotes, les premiers intéressés, et leur entourage.

Mais ces vendredi 13 sont parfois impossibles à éviter. Alors, chacun se réfugie dans un certain non-dit. En espérant qu'il n'y aura pas de péripétie négative. C'est-à-dire un accident…

En théorie, chaque année doit compter trois vendredi 13 si le premier jour de l'année (non bissextile) est un jeudi. Ou un dimanche (en année bissextile).

Le calendrier du championnat du monde tient aussi à respecter les croyances nationales. Ces particularismes numériques sont divers. Pour la Chine, le n° 4 est maléfique. Pour le Japon, c'est le 4 également. Pour l'Italie, c'est le 17, etc.

En définitive, il n'y a qu'un seul pilote, Michel Vaillant, le héros de Jean et Philippe Graton, qui se vante de courir et de gagner avec le n° 13. La carrière de Michel Vaillant défie tous les maléfices…

Au fait, la phobie du n° 13 se nomme triskaidékaphobie.

Un terme difficile à placer au gré d'une conversation dans un paddock…

TRINTIGNANT Maurice (France)

Né le 30 octobre 1917 et décédé le 13 février 2005.

Ce 22 mai 1955, quand Maurice Trintignant (37 ans) coupe la ligne d'arrivée du GP de Monaco, au volant de sa Ferrari, un énorme soulagement parcourt la foule des spectateurs : en effet, alors que la F1 atteint sa cinquième année, il a fallu attendre ce dimanche de mai 1955 pour entendre le première *Marseillaise* après quarante-deux GP depuis le 13 mai 1950…

Sur le podium de Monaco, Trintignant est accompagné d'Eugenio Castellotti et de Jean Behra. À la fin de ce championnat 1955, il frôle le podium final derrière Fangio, Moss et Castellotti.

Trois ans plus tard, le 18 mai 1958, en ouverture du championnat du monde, il récidive dans les rues de Monaco, sur une Cooper-Climax, devant les Ferrari de Musso et Collins.

En quatorze ans de carrière (1950-1964), Maurice Trintignant a disputé 82 GP et enregistré une dizaine de podiums. Les chiffres le laissent indifférent. Il préférait rappeler qu'il était, pour toujours, le premier Français vainqueur d'un GP. Lui qui courait depuis 1939 (à 22 ans) avait été surnommé Pétoulet.

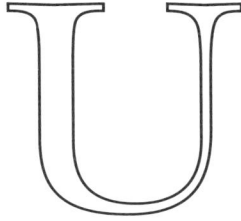

U

ULTIMES

Entre 1950 et 2010, vingt-six titres de champions du monde n'ont été attribués que dans le dernier GP de la saison, voire dans le dernier tour de cet ultime GP. Les heureux lauréats de cette consécration, arrachée au bout du suspense, ont reçu dans les paddocks le surnom familier (et envié) de champions du monde du dernier tour.

Dernier tour de roue ou dernier tour de course ? La question est posée.

Cette image est particulièrement vraie pour Alain Prost, le 26 octobre 1986, tombant en panne d'essence après le drapeau à damier du GP d'Australie, à Adélaïde. Et non moins exacte pour Lewis Hamilton, le 2 novembre 2008, doublant l'Allemand Timo Glock à moins de 500 mètres de l'arrivée du GP du Brésil à Interlagos pour se classer cinquième et obtenir, finalement, le point du bonheur au détriment de Felipe Massa, vainqueur terriblement frustré.

Pour un point (98 contre 97), Hamilton devenait le premier champion du monde McLaren-Mercedes depuis Mika Häkkinen, en 1999.

Différence entre Alain Prost et Lewis Hamilton : en 1986, Prost se battait pour garder son titre conquis en 1985 alors qu'en 2008 Hamilton n'était encore qu'un débutant en confirmation de sa brillante (première) saison de 2007.

Au-delà de la statistique historique qui valide cette performance – aussi bien technique que nerveuse et psychique –, il convient de poser ce sacre comme un exercice d'équilibre. Voire une revanche (morale) pour Prost sur l'infortune d'avoir été trahi par une défaillance technique de sa Renault, le 15 octobre 1983 à Kyalami, dans le GP d'Afrique du Sud, en face de Nelson Piquet.

En poussant l'analyse, la remarquable efficacité de Mika Häkkinen, double champion du monde consécutif sur McLaren-Mercedes, en 1998 et 1999, à Suzuka, dans le GP du Japon, témoigne, dans la période moderne de la F1, d'une maîtrise nerveuse maximale. En ces deux années, Häkkinen prit le meilleur sur Michael Schumacher, en 1998, puis sur Eddie Irvine en 1999. Tous deux sur Ferrari.

Détail : en 1998, Häkkinen qui n'avait gagné son premier GP à Jerez que le 26 octobre 1997, n'avait aucune expérience d'élite en comparaison de Michael Schumacher, double champion du monde en 1994-1995.

Dans cet exercice du dernier tour du dernier GP, au demeurant aussi ancien que la F1, on relève d'intéressantes différences de rendement et de comportement :

– Juan Manuel Fangio a remporté deux titres mondiaux (1951, 1956) après avoir échoué dans sa première tentative (1950).

– Jim Clark, double champion du monde (1963, 1965), ne s'est jamais imposé dans le dernier GP aussi bien en 1962 contre Graham Hill qu'en 1964 contre le duo Graham Hill-John Surtees.

– Nelson Piquet l'a emporté à deux reprises : en 1981 contre Carlos Reutemann et Jacques Laffite, puis en 1983 aux dépens d'Alain Prost et René Arnoux. Par contre, il échoua en 1986 à Adélaïde devant Alain Prost.

– Michael Schumacher, pour souligner sa longévité, a gagné en 1994 sur Damon Hill et, neuf ans plus tard, en 2003 sur Kimi Räikkönen. Entre-temps, il avait perdu trois fois de suite en 1997 contre Jacques Villeneuve et en 1998-1999 contre Häkkinen.

– Fernando Alonso, vainqueur à l'arraché de Michael Schumacher au Brésil en 2006, a perdu en 2007 en face de Kimi Räikkönen. Sans oublier son échec d'Abu Dhabi, en 2010, en face de Sebastian Vettel.

Pour enrichir les statistiques, avec des fortunes différentes, le record de présence dans ces GP du dernier tour appartient à Michael Schumacher, en 1994 contre Damon Hill, en 1997 contre Jacques Villeneuve, en 1998 contre Mika Häkkinen, en 2003 contre Kimi Räikkönen, en 2006 contre Fernando Alonso.

Avec cinq « ultimes présences », l'Allemand devance les trois triplés de Juan Manuel Fangio (1950, 1951, 1952), de Graham Hill (1962, 1964, 1968) et de Nelson Piquet (1981, 1983, 1986).

À eux quatre, ces prestigieux pilotes, issus de quatre générations différentes, représentent – à travers leurs palmarès – dix-sept titres mondiaux, soit près des deux tiers des pilotes champions depuis 1950. Ce constat ne sert ici qu'à situer Fangio, Graham Hill, Piquet et Michael Schumacher dans l'histoire de la F1.

Quant à déterminer s'il existe une stratégie garantie pour réussir, sur commande, l'exploit suprême, c'est une autre affaire.

En fait, aucune tactique ne peut porter ses fruits dans les circonstances du dernier GP d'un championnat sans une certaine part de chance. Ou de hasard. Peu importe le terme…

Quelques semaines après sa prouesse du 26 octobre 1986, à Adélaïde, Alain Prost expliquait, avec une certaine sagesse : « À partir d'un certain degré de réflexion ou d'analyse, quand il faut tout jouer sur une seule course, la dernière, il n'y a qu'à tenter sa chance. À fond. Le reste ne compte plus… »

Savoir se dépasser, c'est (aussi) le label d'un champion…

Formule 1

Les champions du monde de l'ultime tour

1950 : Nino Farina (Alfa Romeo)
1951 : Juan Manuel Fangio (Alfa Romeo)
1956 : Juan Manuel Fangio (Lancia-Ferrari)
1958 : Mike Hawthorn (Ferrari)
1959 : Jack Brabham (Cooper-Climax)
1962 : Graham Hill (BRM)
1964 : John Surtees (Ferrari)
1967 : Dennis Hulme (Brabham-Repco)
1968 : Graham Hill (Lotus-Ford)
1974 : Emerson Fittipaldi (Lotus-Ford)
1976 : James Hunt (McLaren-Ford)
1981 : Nelson Piquet (Brabham-Ford)
1982 : Keke Rosberg (Williams-Ford)
1983 : Nelson Piquet (Brabham-BMW)
1984 : Niki Lauda (McLaren-TAG)
1986 : Alain Prost (McLaren-TAG)
1994 : Michael Schumacher (Benetton-Ford)
1996 : Damon Hill (Williams-Renault)
1997 : Jacques Villeneuve (Williams-Renault)
1998 : Mika Häkkinen (McLaren-Mercedes)
1999 : Mika Häkkinen (McLaren-Mercedes)
2003 : Michael Schumacher (Ferrari)
2006 : Fernando Alonso (Renault)
2007 : Kimi Räikkönen (Ferrari)
2008 : Lewis Hamilton (McLaren-Mercedes)
2010 : Sebastian Vettel (Red Bull-Renault)

V

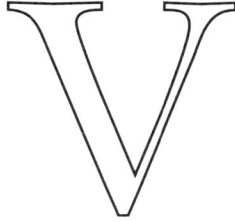

VETTEL Sebastian (Allemagne)

Né le 3 juillet 1987. Le jeudi 14 juin 2007, soit, quatre jours après un spectaculaire accident de Robert Kubica (BMW) dans le GP du Canada à Montréal, le nom de Sebastian Vettel apparaît parmi les engagés du GP des USA, à Indianapolis, en lieu et place de celui de Kubica. Issu de deux filières simultanées, Red Bull et BMW, et rivales, Vettel s'apprête à disputer son premier GP (à 19 ans 11 mois et 14 jours) sur la BMW de réserve de l'écurie allemande. Et, accessoirement, à marquer son premier point mondial, d'emblée, le dimanche 17 juin.

Mario Theissen, le patron de BMW, se réjouit de cette brillante entrée en matière de Vettel, à côté de son compatriote Nick Heidfeld. Il se répand, sur-le-champ, en compliments sur Vettel qui a, effectivement, rallié le drapeau à damier après une bonne démonstration.

À ce moment-là, Theissen dispose d'une option pour intégrer Vettel chez BMW en 2008. Il laisse l'exercice de cette option. Il laisse Gerhard Berger, alors encore partenaire de Dietrich Mateschitz chez Toro Rosso, proposer un volant à Vettel chez Toro Rosso à partir du GP de Hongrie le 6 août 2007, en remplacement de l'Italien Vitantonio Liuzzi. Chez Red Bull, on a tremblé jusqu'au dernier moment. Mais ni Theissen à titre personnel, ni BMW en tant qu'écurie, ne se manifeste auprès de Vettel...

En définitive, l'indécision de Mario Theissen et de BMW pousse Vettel, sans aucun souci, chez Toro Rosso. Le 7 octobre

2007 à Shanghai, il marque ses premiers points de sa deuxième écurie, Toro Rosso-Ferrari. La page BMW est définitivement tournée : jamais Theissen n'est revenu vers Vettel. Pendant ce temps, Helmut Marko lance : « Ce n'est qu'un début. »

Effectivement, Shanghai 2007 n'est qu'un début : moins d'un an plus tard, le 14 septembre 2008, à Monza, sous des trombes d'eau, Vettel remporte sa première victoire. Il entre dans l'Histoire sur un détail : c'est la première fois qu'un moteur Ferrari l'emporte à Monza sur une autre machine qu'une Ferrari. Le symbole est très fort : un grand talent est né. Sur-le-champ, Mateschitz, Christian Horner et Adrian Newey le décident : Vettel sera en 2009 chez Red Bull-Renault, en succession de David Coulthard.

Maintenant, il n'y a plus qu'à attendre sa première victoire en Red Bull. Le duo Sebastian Vettel-Mark Webber tourne à un duel programmé. Dès le troisième GP 2009, sous un déluge, Vettel s'impose à Shanghai dans le GP de Chine devant Webber. Les deux complices Red Bull récidivent à Silverstone dans le même ordre. Mais la tendance s'inverse à Hockenheim : la première victoire de Webber s'inscrit dans un doublé Webber-Vettel. Mais, sur la fin du championnat, Vettel l'emporte à deux reprises. Et se positionne comme le dauphin de Jenson Button, le champion du monde.

Cette dualité Vettel-Webber en gestation débouche en 2010 sur une double programmation mondiale, chez les pilotes (avec une totale liberté de mouvement pour les protagonistes) et les constructeurs ensuite (avec Renault). Ce parcours 2010 se révèle assez pointu pour générer des réflexions insolites.

« Il fallait attendre la fin du championnat, aussi bien pilotes et constructeurs, sans se laisser surprendre, influencer ou distraire par les péripéties imprévues ou les étapes parfois compliquées à gérer », glissa, un soir d'hiver 2010-2011, Christian Horner, en recevant la Palme d'or du vingt-sixième Festival automobile international à Paris dans le cadre des Invalides. Il était le héros (enfin) détendu d'une longue aventure de dix-neuf GP 2010 très disputés. Mais son soulagement n'était pas feint. « Quant à envisager un deuxième doublé… » Horner laisse sa phrase en suspens.

Aux yeux de la F1, Vettel est, en plus, le plus jeune champion du monde (23 ans 134 jours). À ce qu'il semble, la foudroyante réussite de ce jeune Allemand rappelle une autre, antérieure, d'un autre Allemand…

En son temps, Michael Schumacher avait restauré la notion de durée au sommet en changeant d'écurie de Benetton à Ferrari. À chacun sa manière : Vettel préfère rester chez les siens. La décontraction avec laquelle Vettel a accueilli son titre mondial 2011 est de bon augure.

VILLENEUVE (Québec)

GILLES (né le 18 janvier 1950 et décédé le 8 mai 1982), JACQUES (né le 11 avril 1971). Le dimanche 25 avril 1982, la Ferrari n° 27 déboule dans la ligne droite du circuit d'Imola, juste devant la 28. Gilles Villeneuve, encore en tête du GP de Saint-Marin, entrevoit le drapeau à damier de sa septième victoire de carrière, la première depuis le 21 juin 1981 à Jarama (Espagne). Il l'attend avec impatience. Soudain, en un éclair rouge, la 28 double la 27 *in extremis*. Les spectateurs hurlent. Ce premier doublé Ferrari 1982, Pironi-Villeneuve, allume un incendie de discorde. Villeneuve explose verbalement avant de quitter prestement ce paddock de toutes les déceptions aux commandes de son hélicoptère Agusta. Il a besoin de se recycler chez lui, à Monaco.

Des polémiques éclatent. Enzo Ferrari, dans un silence prudent, ne s'en mêle pas. Pas encore. Le 29 avril, Villeneuve lui dit, en tête-à-tête : « En 1983, ce sera Didier ou moi. » Ferrari ne répond rien. Le lendemain, il infléchit (un peu) sa neutralité : « Pironi a peut-être sous-estimé les consignes. » Rien de plus. Dans la bouche d'Enzo, ce n'est pas un reproche.

Dès qu'il avait entrevu Gilles Villeneuve en course, le 23 octobre 1977 au Mont Fuji – partant en vol plané au-dessus des spectateurs –, Enzo Ferrari rêve de l'installer dans une monoplace rouge. La première victoire de Gilles, le 8 octobre 1978 dans le GP du Canada, sur l'Île Notre-Dame, comble le patriarche de Maranello d'une joie infinie. « Le petit arrive », s'exclame-t-il. Gilles Villeneuve est la nouvelle idole du Québec.

En fait, le Commendatore est fasciné par ce jeune Québécois qui méprise tous les dangers et excite les foules par son audace. Gilles Villeneuve, qui approche de son 67e GP avec Ferrari, se sent en 1982 en posture de gagner le titre mondial. Il s'en ouvre en tête-à-tête avec Enzo Ferrari. Cette « affaire » d'Imola le perturbe plus qu'il ne l'admet.

Le jeudi 6 mai 1982, à Bruxelles, Villeneuve rencontre les médias belges. Il lance une phrase prophétique : « Il faut éliminer l'effet de sol, pour empêcher chaque voiture de décoller au moindre incident. » Le lendemain, dans le petit paddock de Zolder, il ignore Pironi qui lui rend bien son indifférence. Leur rivalité interne devient rancœur et haine. Cette fois, Joanne Villeneuve n'a pas accompagné Gilles. Leur fille Mélanie (8 ans) fait sa première communion à Monaco ce 9 mai.

Aux commandes d'une Scuderia déchirée (entre pro-Villeneuve et pro-Pironi), Mauro Forghieri est soucieux. Dans les qualifications du GP de Belgique, Villeneuve tourne en 1'16''616. Pironi en 1'16''501. Le Québécois, opiniâtre, exige de nouveaux Goodyear. À 13 h 52, Villeneuve s'engouffre, à 260 km/h, dans la courbe de Terlamen. Il heurte une March en train de se ranger sur la droite. Le choc, par l'arrière, est terrible. L'effet de sol disparaît. La Ferrari s'envole et se désintègre sur le rail de sécurité.

Villeneuve encaisse une pression de près de 3 tonnes et s'écrase, replié sur lui-même, en ayant à peine lâché le volant. Dans les minutes qui suivent, un hélicoptère le transporte en hâte à l'hôpital de Louvain. Un commando de neuro-chirurgiens tente le tout pour le tout. En vain. À 21 h 12, le décès de Villeneuve est officiel. À Fiorano, dans le bureau où il aimait tant s'entretenir avec Gilles, Enzo Ferrari est accablé. La Scuderia Ferrari renonce à ce tragique GP de Belgique. Pironi est très affecté.

À Monaco, dans la villa de la rue des Giroflées, le petit Jacques Villeneuve (11 ans) a suivi le crash. Lui qui était tellement heureux et fier d'accompagner son père en hélicoptère saisit la gravité de l'événement. Quoi qu'il arrive, Jacques s'installera dans un cockpit de course. Il se le promet à lui-même. « J'avais un exemple à suivre », dira-t-il plus tard. Bien plus tard…

Avant de ne plus jamais accepter d'évoquer la mémoire de son père.

Quatre ans plus tard, en 1986, le petit Jacques (15 ans) s'inscrit à l'école de pilotage de Jim Russell, sur le circuit du Mont Tremblant. L'image lointaine de Gilles flotte sur ce tracé désuet. Entre l'Italie, le Japon, les USA, avec notamment en 1995 la victoire dans les 500 Miles d'Indianapolis (sur Reynard), le petit Jacques s'épanouit, s'affirme et grandit.

Un grand projet de F1 se monte autour de lui. Christian Contzen et Bernard Dudot (Renault) ont mission de le suivre, tout au long de 1995 (en plus de leurs activités d'écurie). L'Écossais Craig Pollock, son manager, et l'Anglais Julian Jakobi, son agent, encadrent Jacques. Au milieu de cette opération, Frank Williams et Patrick Head attendent Jacques Villeneuve avec confiance.

L'affaire est remarquablement montée. Après ses milliers de kilomètres d'essais, avant et après les 500 Miles, la décision d'entrer en F1 appartient au trio Villeneuve-Pollock-Jakobi : l'option finale est de leur ressort. Le 16 août 1995, Williams et Renault annoncent, de concert, l'entrée de Jacques Villeneuve en F1. Son équipier n'est autre que Damon Hill, fils d'un champion du monde (Graham).

Les deux pilotes Renault doivent assumer leur hérédité de prestige. La cohabitation Hill-Villeneuve est très sensible. Hill est introverti, Villeneuve est extraverti. Hill se comporte en homme de méthode. Villeneuve a une démarche d'artiste. Un dénominateur commun : les performances les accompagnent au long de leur première (et unique) saison de partenariat.

La répartition des victoires, huit pour Hill (Australie, Brésil, Argentine, Saint-Marin, Canada, France, Allemagne, Japon) contre quatre pour Villeneuve (Europe, Angleterre, Hongrie,

Portugal), ne retranscrit pas exactement l'intensité (saccadée) du duel entre un Anglais d'expérience (51 GP depuis 1992) et un débutant québécois, élevé dans la vénération d'un père qui a laissé une œuvre inachevée.

Installée sur orbite en 1996, la fusée Jacques Villeneuve touche sa cible mondiale en 1997, après une année singulièrement compliquée par l'émergence de Michael Schumacher, le nouveau dieu de Ferrari.

Le retour d'un Villeneuve dans l'Île Notre-Dame – justement rebaptisée Circuit Gilles-Villeneuve – déclenche une hystérie émotionnelle rarement entrevue en F1. Cette fois, Jacques Villeneuve ne s'appartient plus. Le Québec attend sa victoire avec une adoration programmée.

C'est le pire week-end 1997 pour Jacques Villeneuve : il a débarqué à Montréal en leader du championnat du monde (30 points devant Schumacher, 27). Il en repart humilié par son abandon (sur sortie de piste) et par l'avance de Michael Schumacher (37-30).

Aux yeux de ses compatriotes québécois, Villeneuve n'est pas encore au niveau de Gilles. Ils ne tiennent pas compte de ses victoires 1996 (4) et 1997 (3 avant le Canada). Ils n'attendaient de lui qu'une chevauchée triomphale. Mais la F1 ne se nourrit pas toujours – bien au contraire – des folles espérances d'une nation.

En cette année 1997, Jacques Villeneuve (26 ans, 33 GP) attendit le dernier tour du dernier GP, le 26 octobre 1997, à Jerez (Espagne) pour devenir champion du monde en l'espace (seulement) de deux ans. Une belle performance. Mais Gilles Villeneuve, lui, avait remporté son premier GP ici, sur ce circuit qui allait porter son nom. Pour l'éternité.

La saga Villeneuve est inachevée. D'accord, au Canada, le titre mondial de Jacques Villeneuve est inscrit dans le patrimoine sportif de la nation. Mais, pour les Québécois, le lien entre la victoire de Gilles Villeneuve dans le GP du Canada 1978 et la consécration mondiale de Jacques Villeneuve en 1997 est très symbolique.

D'ailleurs, Jacques a soupiré un jour : « Entre 1995 et 2006, j'ai disputé dix GP du Canada sans en gagner un seul. » Le ton mélancolique de son aveu est un message de frustration. Gilles, lui, n'a jamais eu le temps – et encore moins le loisir – de regretter d'avoir raté le titre mondial.

Cette légende Villeneuve perdure. C'est un exploit d'authenticité. Comme si, au fond, la F1 attendait un troisième Villeneuve. Pour l'honneur du Québec.

W

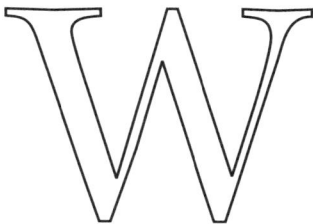

WALKINSHAW Tom (Écosse)

Né en 1946 et décédé le 12 décembre 2010. Homme méthodique et ami fidèle, Tom Walkinshaw rédigeait, d'une année sur l'autre, ses cartes de vœux, avec sa femme Martine, dès la première semaine de décembre. Il était, à sa manière, en pole position de l'amitié.

En s'éteignant le 12 décembre 2010 (à 64 ans), victime d'une cruelle maladie, il avait eu le temps, par une sombre ironie du sort, de souhaiter une excellente année 2011 à tous ses amis, chagrinés par cette cruelle coïncidence.

L'apport de Tom Walkinshaw à la F1 se concentra principalement autour de trois écuries, Ligier, Benetton et Arrows dans lesquelles, lors des années 1990, il exerça des fonctions managériales (notamment avec Michael Schumacher et Damon Hill).

Walkinshaw avait aussi une passion, pas du tout cachée, pour le rugby. Il présidait le Gloucester RFC. Certains samedis de GP européens, il quittait subrepticement les circuits pour aller, d'un coup d'aile de son Piaggio, assister à un match de son club et revenir, en fin de journée, non moins subrepticement dans son motor-home.

WEBBER Mark (Australie)

Né le 17 août 1976. Depuis Jack Brabham (1959, 1960, 1966) et Alan Jones (1980), l'Australie attend, en la personne de Mark Webber, son troisième champion du monde. Athlétique, combatif, ouvert, Mark Webber réussit l'exploit de monter sur un podium… particulier dès son premier GP le 3 mars 2002 à Melbourne, devant une foule de compatriotes. Ce jour-là, Webber conduit une Minardi-Asiatech. Son compatriote Paul Stoddart vient de racheter Minardi et Webber le comble de joie en finissant cinquième.

Devant l'enthousiasme des Australiens, Stoddart ne recule devant rien : il demande l'autorisation (exceptionnelle) d'amener Webber sur un podium spécial. Le protocole qui a salué Michael Schumacher, Montoya et Räikkönen, le tiercé vainqueur, est terminé. Webber s'avance. Les applaudissements et les hurlements redoublent. Webber a gardé de cette course un souvenir d'autant plus personnalisé que les deux premiers points marqués ce jour-là seront les seuls du championnat 2002. Ça ne s'oublie jamais.

Dès le jeudi 23 mai 2002, à Monaco, Webber signe un contrat d'exclusivité avec Bruno Michel pour le FBB (Flavio Briatore Business), qui se charge de ses intérêts.

Mark Webber, bagarreur d'instinct, n'est pas uniquement un baroudeur. Il s'épanouit en 2003 et 2004 chez Jaguar-Cosworth. En 2005, il s'oriente vers Williams-BMW (avec Nick Heidfeld) qui devient Williams-Cosworth en 2006 (avec Nico Rosberg). Son premier podium, le 22 mai 2005 à Monaco, est un déclencheur de carrière. Webber a gagné en densité et en combativité. Dès 2007, il entre chez Red Bull Renault, aux côtés de David Coulthard.

La victoire tarde néanmoins à lui sourire. D'accord, il entre dans les points assez régulièrement. On l'entrevoit sur le podium du GP d'Europe, le 22 juillet 2007 au Nürburgring. « Je sais que je figure dans le paysage. Mais… » Webber est conscient de sa progression. Plus il se rapproche de la victoire sans l'atteindre, plus sa frustration est-elle aiguë. De fait, on pense qu'il a l'étoffe d'un bon second pilote (aux côtés de Coulthard après Rosberg). Le milieu de la F1 prompt à catégoriser les uns et les autres le condamne à jouer les seconds rôles.

Le vrai déclic se produit le 12 juillet 2009 au Nürburgring, dans le GP d'Allemagne. Il remonte sur son premier podium (celui du 22 juillet 2007) mais cette fois sur la plus haute marche, avec Sebastian Vettel. Pour Webber, c'est le week-end total : première pole devant Barrichello, première victoire devant Vettel et premier doublé Red Bull-Renault. Cette triple référence valide Webber dans le paddock et aux yeux de l'univers.

Mais cette performance est surtout, pour Webber, une grande victoire sur lui-même. En effet, le 22 novembre 2008, sur une route de Tasmanie, on ramasse Webber, la jambe droite salement cassée. Ce qu'il a ressenti ce jour-là le révèle ensuite : « J'étais effondré sur tous les plans. Trois semaines plus tôt, je finissais ma saison au Brésil en m'imposant dans mon 121e GP. Cet accident tombait réellement mal car on m'avait dépeint Sebastian Vettel, mon nouvel équipier, comme un Schumacher *bis.* »

Webber ajoute : « Dietrich Mateschitz en personne m'avait téléphoné. Mark, pourquoi jouez-vous avec votre carrière ? » Webber redoutait d'avoir trahi la confiance de son entourage. Mais le 9 février 2009, soit 73 jours exactement après son accident, il couvre quatre-vingt-trois tours à Jerez avec la RB5 qui lui a porté chance par deux fois (Allemagne, Brésil).

Son championnat 2010 est une marche (presque) triomphale. Au gré de ses succès (Espagne, Monaco, Angleterre, Hongrie) et de ses podiums, il fête son 34e anniversaire comme un gamin. Sur la fin d'un championnat délirant, Webber mène encore 220 points contre 206 à Alonso et Vettel. Un abandon en Corée lui est fatal.

Mais en tant que troisième du championnat 2010, Webber incite l'Australie à rêver d'un troisième champion du monde.

YZ

YAMAHA

Longtemps après Honda, à peu près dans les mêmes années que Mugen-Honda, et bien avant Toyota, un quatrième moteur japonais, Yamaha, apparut en F1 en 1989. Mais à plusieurs mois d'écart, le 26 mars 1989 au GP du Brésil et le 22 octobre 1989 au GP du Japon, toujours avec l'écurie Zakspeed.

Yamaha s'accorda ensuite une année sabbatique (1990) avant de réapparaître en 1991 chez Brabham avec les Anglais Martin Brundle et Mark Blundell.

Par la suite, Yamaha équipe Jordan (1992) avec Stefano Modena et Mauricio Gugelmin. Puis, Yamaha propulsa les Tyrrell (1993, 1994, 1995, 1996) avec un sommet de points (13) en 1994 avec Mark Blundell et Ukyo Katayama.

En 1997, pour sa dernière année en F1, Yamaha offrit au champion du monde 1996, l'Anglais Damon Hill engagé par Arrows, son premier podium (2e en Hongrie) après sa campagne triomphale de 1996. Ce fut, d'ailleurs, le premier et le dernier podium de ce moteur japonais qui végétait dans l'ombre de Honda.

Cette expérience, étalée sur sept ans (1991-1997) et 116 GP (après le préambule de 2 GP en 1989), restait une énigme. Jamais Yamaha, qui avait pourtant acquis une grande notoriété en moto, ne se hissa au premier plan des motoristes de la F1.

D'ailleurs, de tous les pilotes Yamaha (11 au total) de ces 116 GP, Damon Hill était le seul à avoir gagné des GP (21 avant son passage chez Arrows) et le titre mondial.

ZÉRO (numéro)

Il est arrivé à plusieurs pilotes, de différentes générations, de boucler leur carrière en F1 en laissant leur compteur personnel au point zéro. Ce genre d'aventure, peu glorieux, entre dans la catégorie des probabilités. Sans évaluation du pourcentage de vraisemblance…

Par contre, pour le pouvoir sportif, attentif à toutes les déclinaisons des numéros, l'utilisation du zéro est une donnée normale.

En voici quelques exemples.

Dans le championnat du monde 1993, Williams-Renault aligne Alain Prost, de retour d'une année sabbatique, et Damon Hill (ex-Brabham-Judd). Détail : Nigel Mansell, le champion du monde 1992 chez Williams-Renault, a quitté la F1 pour tenter sa chance aux USA. C'est lui qui aurait dû arborer le n° 1.

En son absence, le n° 1 reste donc inexploitable. En plus, Williams-Renault est champion du monde 1992 des constructeurs.

La FIA décide alors qu'en 1993 les Williams-Renault arboreront le 0, pour Damon Hill, et le 2 pour Alain Prost.

Fin 1993, le même schéma recommence. Alain Prost, devenu quadruple champion du monde (1985, 1986, 1989, 1993), se retire. Son successeur, Ayrton Senna, arbore le n° 2 en 1994 en héritage, si l'on peut dire. Mais Damon Hill, pourtant troisième de ce championnat 1993, recupère – exactement comme l'année précédente – le 0 pour 1994. « Deux années de suite, c'était beaucoup », ironisera Damon Hill par la suite.

Quoi qu'il en soit, cet Anglais bon teint est le seul à avoir disputé deux championnats du monde (1993, 1994) avec le n° 0 sur son capot.

Sur deux palmarès mondiaux, celui des pilotes en 1997 et celui des constructeurs en 2007, deux noms ont disparu, purement et simplement, sur décision de la FIA. En 1997, Michael Schumacher (Ferrari) avait éperonné Jacques Villeneuve (Williams-Renault) le 26 octobre 1997 à Jerez dans le dernier GP. Le Conseil mondial l'exclut du championnat du monde. Il avait marqué 78 points. Il se retrouva rayé du classement. Zéro.

En 2007, après une affaire d'espionnage industriel, l'écurie McLaren-Mercedes est exclue du championnat du monde des constructeurs et ses points sont annulés. Le compteur est remis à zéro.

En conclusion, en F1, il y a toujours une vie autour du zéro.

ZÉRO (victoire)

Ils ne sont que deux à avoir remporté leur premier GP et être montés, comme des néophytes absolus, sur la plus haute marche du podium dès leur premier GP : ce sont deux Italiens, Giuseppe Farina (Alfa Romeo) le 21 mai 1950 à Silverstone, lors du GP d'Angleterre, et Giancarlo Baghetti (Ferrari) le 2 juillet 1961 à Reims dans le GP de France.

Le premier, Farina, est devenu champion du monde 1950, à jamais le premier de l'histoire de la F1. Le second s'est contenté de 21 GP (Ferrari, ATS, BRM, Brabham, Ferrari, Lotus-Ford) avant de se retirer, sans un deuxième succès.

Par contre, ils sont nombreux ceux qui ont couru longtemps en espérant une victoire, objectif suprême de tout sportif, sans jamais y parvenir. Pour des raisons aussi diverses que les circonstances, le matériel, les péripéties accidentelles, etc.

Il existe aussi plusieurs pilotes qui, ayant démarré dans la carrière avec une énorme ambition, n'ont suivi qu'une décevante trajectoire avant de se retirer, leurs espérances ruinées, leurs objectifs financiers hors de portée et de sombrer dans une nostalgie tenace.

Ce palmarès des incompris ne réunit que des mal-aimés de la F1. L'aspect le plus pénible de cette désastreuse hiérarchie réside dans la disproportion entre les ambitions nourries au premier GP et le désenchantement progressif des courses, ultérieures.

Voici l'amer recensement de ces pilotes entrés en F1 avec l'espérance au cœur et, bien plus tard, condamnés à la quitter sans avoir concrétisé leurs ambitions et avoir goûté, ne serait-ce que furtivement, aux joies d'une victoire.

En pole position, l'Italien Andrea de Cesaris (208 GP entre le Canada 1980 et l'Europe 1994) précède l'Anglais Martin Brundle (158 GP entre le Brésil 1984 et le Japon 1996).

Circonstance aggravante ou pas, peu importe, toujours est-il que De Cesaris a collectionné les bonnes écuries d'alors (Alfa Romeo, McLaren-Ford, Ligier-Renault, Minardi, Brabham-BMW, Rial, Dallara, Jordan, Tyrrell, Sauber-Mercedes) et frôlé la première place en signant cinq podiums. Brundle s'est moins dispersé que l'Italien en se contentant de huit écuries (Tyrrell, Zakspeed, Williams, Brabham, Benetton, Ligier, McLaren-Peugeot, Jordan). Et le même Brundle a totalisé neuf podiums, sans jamais atteindre la première marche.

À les comparer, Brundle a approché de plus près que De Cesaris les podiums qui assurent la gloire à leurs vainqueurs. Mais le constat est impitoyable : tant qu'il n'a pas terminé une course sur la plus haute marche du podium, un pilote est nécessairement un homme frustré…

Dans le sillage du duo italo-anglais, les bons coureurs dignes d'une meilleure carrière forment un curieux peloton avec l'Allemand Nick Heidfeld (172 GP entre Australie 2000 et Abu Dhabi 2010), l'Anglais Derek Warwick (147 GP entre Las Vegas 1981 et Australie 1993), le Français Jean-Pierre Jarier (135 GP entre Italie 1971 et Afrique du Sud 1983), l'Américain Eddie Cheever (132 GP entre Afrique du Sud 1978 et Australie 1989), l'Italien Pierluigi Martini (119 GP entre Brésil 1985 et Argentine 1995), le Français Philippe Alliot (109 GP entre Brésil 1984 et Belgique 1994).

Cette cohorte s'épaissit d'année en année, en fonction des performances et des hiérarchies nouvelles au gré des courses et des championnats.

Détail symbolique : l'Australien Mark Webber, qui aurait pu devenir champion du monde 2010, est le plus brillant rescapé de ce commando des maudits.

Il obtient en effet sa première victoire le 12 juillet 2009 à Hockenheim après 131 tentatives infructueuses depuis le 3 mars 2002 à Melbourne, soit sept ans auparavant.

Comme quoi, il ne faut jamais désespérer.

Mais pour un Webber combien de désenchantés…

Remerciements

Philippe ALBERA
Jean-Pierre BELTOISE
Éric BOULLIER
Gilles BUANNIC
Pierre-Gauthier CALONI
Hugues de CHAUNAC
Philippe CORSALETTI
Gérard CUYNET
Jacques DESCHENAUX
Hélène FABRE
Claude HUGOT
Jacques LAFFITE
Patrick MANOURY
Philippe MERCIER
Henri PESCAROLO
Patrick PETER
Jean-Pierre RAYMOND
Hugues TREVENNEC
Arthur THILL

Aller à la pêche aux mots et aux anecdotes, fut une entreprise captivante.

Remercier quelques amis, rangés par ordre alphabétique, pour leur complicité souriante et éclairée, ce n'est pas moins captivant.

R de L

Dans la même collection

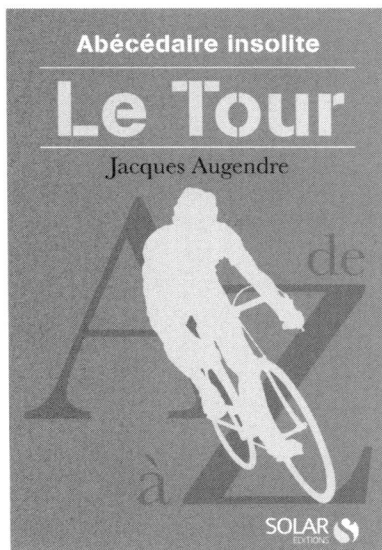

Abécédaire insolite

Le Tour

Jacques Augendre

de

à A Z

SOLAR
ÉDITIONS

Si vous souhaitez recevoir notre catalogue
et être tenu au courant de nos publications,
envoyez-nous vos nom et adresse, en citant ce livre
et en précisant les domaines qui vous intéressent.

Éditions SOLAR
12, avenue d'Italie
75013 Paris
internet : www.solar.fr

Tous droits de traduction, d'adaptation et de reproduction
par tous procédés, réservés pour tous pays.

Directeur de collection : Renaud de Laborderie

Direction éditoriale : Corinne Césano
Édition : Benoît Bontout
avec la collaboration de Anne-Sophie Hervouet
Création graphique couverture et intérieur : Cyrille Fourmy
Composition : Nord Compo
Fabrication : Laurence Ledru

place
des
éditeurs

© 2011, Éditions Solar, un département de
ISBN : 978-2-263-05524-9
Code éditeur : S05524
Dépôt légal : mai 2011
Imprimé en Italie par ≋ Grafica Veneta